Sigilo Bancário

Sigilo Bancário
ACORDOS PARA TROCA DE INFORMAÇÕES INTERNACIONAIS

2019

Andréa Oliveira Silva Luz

SIGILO BANCÁRIO
ACORDOS PARA TROCA DE INFORMAÇÕES INTERNACIONAIS
© Almedina, 2019
AUTOR: Andréa Oliveira Silva Luz
DIAGRAMAÇÃO: Almedina
DESIGN DE CAPA: FBA
ISBN: 9788584934966

Dados Internacionais de Catalogação na Publicação (CIP)
(Câmara Brasileira do Livro, SP, Brasil)

Luz, Andréa Oliveira Silva
Sigilo bancário : acordos para troca de informações internacionais / Andréa Oliveira Silva Luz. -- São Paulo : Almedina, 2019.

Bibliografia.
ISBN 978-85-8493-496-6

1. Acordos internacionais 2. Organização para Cooperação e Desenvolvimento Econômico - OCDE 3. Sigilo bancário 4. Sigilo bancário - Brasil I. Título.

19-27331   CDU-34:336.719.2

Índices para catálogo sistemático:

1. Troca de informações : Acordos internacionais : Sigilo bancário : Direito 34:336.719.2

Cibele Maria Dias - Bibliotecária - CRB-8/9427

Este livro segue as regras do novo Acordo Ortográfico da Língua Portuguesa (1990).

Todos os direitos reservados. Nenhuma parte deste livro, protegido por copyright, pode ser reproduzida, armazenada ou transmitida de alguma forma ou por algum meio, seja eletrônico ou mecânico, inclusive fotocópia, gravação ou qualquer sistema de armazenagem de informações, sem a permissão expressa e por escrito da editora.

Junho, 2019

EDITORA: Almedina Brasil
Rua José Maria Lisboa, 860, Conj.131 e 132, Jardim Paulista | 01423-001 São Paulo | Brasil
editora@almedina.com.br
www.almedina.com.br

Quando uma criatura humana desperta para um grande sonho e sobre ele lança toda a força de sua alma, todo o universo conspira a seu favor.

GOETHE

À memória do meu querido avô, Sebastião, homem de grande sabedoria e exímio contador de histórias, com quem Deus me concedeu o privilégio de conviver por dezessete lindos anos.

À memória do meu amado tio Bastos, que, através de cartões postais e selos, despertou em mim a vontade de conhecer o mundo.

Aos meus pais, dedico singelamente este trabalho, fruto de tantos anos de incentivo aos estudos.

Ao meu marido, dedico o resultado dos desafios que ele me encorajou a enfrentar.

AGRADECIMENTOS

Primeiramente, agradeço a Deus pela vida e por todas as pessoas especiais que Ele colocou em meu caminho.

Aos meus pais, Lenildo e Margarida, minha eterna gratidão.

Ao meu marido, Anderson, por todo amor, compreensão e incentivo.

À grande amiga Ana Carolina Magarão Silva Costa, por todo apoio, conversas, torcida e boas vibrações.

Ao Insper, essa casa que me recebeu de braços abertos, por todas as oportunidades de conhecimento oferecidas, especialmente a melhor experiência acadêmica da minha vida, a bolsa de estudos para St. Gallen, concedida em parceria com a Fundação Lemann.

A todos os professores do Insper, agradeço imensamente o conhecimento compartilhado, especialmente ao professor José Eduardo Tellini Toledo, que me apresentou a este interessante tema, e Marcelo Fonseca Vicentini, com quem tive a oportunidade de aprofundar o estudo e continuar a discutir sobre o tema desta obra.

À querida professora Leila Paiva Morrison, por todo carinho.

Ao professor Rodrigo Fernandes Rebouças, que lançou um olhar diferenciado para o meu trabalho e mostrou novos horizontes.

Ao meu professor orientador, Régis Fernando de Oliveira Braga, não apenas por acreditar e incentivar este trabalho, mas, principalmente, por toda a experiência compartilhada, orientações e conselhos de vida generosamente oferecidos, e que, certamente, influenciaram e continuarão a influenciar minha vida pessoal e profissional.

A INSPIRAÇÃO DE UM DOCENTE

O exercício da docência é extremamente desafiador. Engana-se aquele que pensa que são só louros, classes cheias e com alunos interessados, aplausos ao final das aulas, perguntas tranquilas para serem respondidas, relacionamentos perfeitos com o corpo discente, tudo fluindo às mil maravilhas. Precisamos nos preparar, estudar (o conteúdo, o método, o público-alvo e os objetivos de aprendizagem do programa, da disciplina e da aula), arquitetar cada atividade e, mesmo assim, encaramos surpresas das mais variadas quando nos deparamos com o mais difícil dos desafios: um aluno especial.

No caso da Andréa, não tive o prazer de ser o professor dela em nenhum momento de sua incrível trajetória como aluna no Insper. Aliás, foi até bom porque eu me sentiria mais conflitado ainda para escrever este honroso prefácio. O que falar de uma aluna cujo potencial nem ela deve saber que tem? O que falar de uma aluna que aproveita cada oportunidade que lhe é dada, que "morde a mesa" como se diz na gíria, que corre mais do que os outros, que estuda mais do que todos, que colabora sempre que pode, que contribui mesmo quando não lhe é cobrado? O que dizer de uma aluna que foi agraciada com a bolsa de estudos para estudar na Universidade de St. Gallen, na Suíça, desbancando candidatos excepcionais, em nota e em postura, num "conjunto da obra" pra ficar na história de todos nós?

Andréa nos brinda agora com um livro, certamente o primeiro de muitos. Ela escolheu um audacioso tema: "acordos internacionais para troca automática de informações para fins fiscais e o sigilo bancário", para coroar seu curso de LL.M. em Direito Tributário que ela frequentou com maestria no Insper e sob a orientação do querido e competente Professor Régis Braga. Aproveitando a sua estada na Suíça, Andréa trata de um tema atualíssimo, polêmico e que traz uma análise crítica sobre a nova visão do tema à luz das alterações legais em âmbito internacional e seus reflexos sobre os contribuintes brasileiros. Como garantir mais transparência às relações financeiras internacionais? Desafio regulatório complexo e ainda a ser muito explorado para uma solução definitiva.

Texto leve, bem escrito e pesquisado, Andréa percorre os pressupostos do tema e parte da antiga ideia do sigilo fiscal absoluto, que reinava na maioria dos ordenamentos jurídicos, à pressão internacional pela transparência, em resposta a vários dos desafios trazidos pelo fenômeno da globalização. Andréa trata dos principais instrumentos legais criados nessa trajetória, comentando sobre o panorama atual do tema no mundo e no Brasil. No caso brasileiro, a autora faz uma ampla revisão da evolução legislativa e jurisprudencial do assunto, tecendo diversas conclusões importantes que, por uma questão de *spoiler*, não iremos adiantar ao leitor ou leitora.

Nosso "frio" na barriga quando entramos em sala em uma missão como a da docência é muito coroada por presentes como esses que ora apresentamos a vocês: uma aluna que cruza o nosso caminho, mostra que vale à pena todo o esforço, que a educação é, sim, transformadora de pessoas e de patamares éticos para melhor, que tem uma história de vida linda, que luta pelo que quer e pelo que acredita, que se desafia o tempo todo, que pesquisa audaciosamente e que, hoje, nos brinda com este belo livro que temos nas mãos.

O projeto Insper Direito, que em breve comemora 20 anos de existência, hoje recebe na Coleção Insper Almedina uma de suas mais brilhantes embaixatrizes, em português ou *auf Deutsch*, certamente nos inspirando cada vez mais a lecionar e acreditar no aluno, em seu potencial, em seus sonhos. Parabéns, Andréia, quanto orgulho! Leitor, leitora, vamos agora ao texto!

André Antunes Soares de Camargo
Sócio de TozziniFreire Advogados. Pós-doutorado na Universidade de St. Gallen, Suíça. Vice-Presidente do IBRADEMP. Autor dos livros "Transações entre partes relacionadas: um desafio regulatório complexo e multidisciplinar" (3ª ed., 2016) e "Aspectos jurídicos do ambiente empresarial brasileiro" (2018), ambos pela Editora Almedina Brasil. Professor do Insper e professor convidado em diversas instituições de ensino pelo país. Coordenou o Insper Direito entre 2002 e 2018.

LISTA DE ILUSTRAÇÕES

Figura 1 – O Triângulo da Governança 44
Figura 2 – Pessoas controladoras de um *trust* na cadeia de propriedade
(Exemplo 1) 90
Figura 3 – Pessoas controladoras de um *trust* na cadeia de propriedade
(Exemplo 2) 91
Figura 4 – Pessoas controladoras de um *trust* na cadeia de propriedade
(Exemplo 3) 92
Figura 5 – Pessoas controladoras de um *trust* na cadeia de propriedade
(Exemplo 4) 94
Figura 6 – Sigilo bancário – quantidade de países por grau de sigilo 96
Figura 7 – Visão geral da classificação por grau de sigilo da jurisdição
fiscal 98
Figura 8 – Avaliação do sigilo quanto à propriedade das companhias 99
Figura 9 – FATCA – Primeira troca de informações 145
Figura 10 – Resultado da primeira fase do programa RERCT 152
Figura 11 – Resultado da segunda fase do programa RERCT 152

LISTA DE ABREVIATURAS E SIGLAS

ADCT – Ato das Disposições Constitucionais Transitórias
ADCT – Ato das Disposições Constitucionais Transitórias
AEOI – *Automatic Exchange of Information*
BEPS – *Base Erosion and Profit Shifting*
BIS – *Bank for International Settlements*
CAA – *Competent Authority Agreement*
CFR – *Code of Federal Regulations*
CRS – *Common Reporting Standard*
CPMF – Contribuição Provisória sobre Movimentação ou Transmissão de Valores e de Crédito e Direitos de Natureza Financeira
Dimof – Declaração de Informações sobre Movimentação Financeira
DoJ – *Department of Justice*
EU – União Europeia
FATCA – *Foreign Account Tax Compliance Act*
FATF – *Financial Action Task Force*
FEBRABAN – Federação Brasileira de Bancos
FFI – *Foreign Financial Institution*
FINMA – *Swiss Financial Market Supervisory Authority*
FMI – Fundo Monetário Internacional
GAL – *Global Administrative Law*
HIRE Act – *Hiring Incentives to Restore Employment Act*
IGA – *Intergovernmental Agreements*
IPMF – Imposto Provisório sobre a Movimentação ou a Transmissão de Valores e de Créditos e Direitos de Natureza Financeira

IRS	–	*Internal Revenue Service*
KYC	–	*Know Your Client*
MCAA	–	*Multilateral Competent Authority Agreement*
NFE	–	*Non-financial Entity*
OCDE	–	Organização para Cooperação e Desenvolvimento Econômico
ONU	–	Organização das Nações Unidas
QI	–	*Qualified Intermediary*
RDL	–	*Regio decreto-legge*
RERCT	–	Regime Especial de Regularização Cambial e Tributária
RGICSF	–	Regime Geral das Instituições de Crédito e Sociedades Financeiras
STF	–	Supremo Tribunal Federal
STJ	–	Superior Tribunal de Justiça
TDPF	–	Termo de Distribuição do Procedimento Fiscal
TI	–	Tecnologia da Informação
TIN	–	*Tax Identification Number*
TJN	–	*Tax Justice Network*
UK	–	*United Kingdom*
U.S.	–	*United States*

SUMÁRIO

1. INTRODUÇÃO   19

2. PRESSUPOSTOS   25
    2.1. A Ordem Jurídica Internacional   25
    2.2. Soberania   27
    2.3. Validade e Aplicação dos Tratados Internacionais
    no Direito Brasileiro   29
        2.3.1. Os Acordos Executivos   37
    2.4. Governança Transnacional   41
    2.5. Princípio da Supremacia do Interesse Público Sobre
    o Interesse Privado   49

3. DO SIGILO À TRANSPARÊNCIA – EVOLUÇÃO DO TEMA
    NO DIREITO COMPARADO   55
    3.1. Primeiras Considerações em Direção à Cooperação
    para Enfrentamento dos Desafios Trazidos pela Globalização   62
    3.2. Ações Recentes Sobre a Cooperação Entre Países com
    Finalidade Tributária   70
    3.3. *Foreing Account Tax Compliance Act* (FATCA)   75
    3.4. *Automatic Exchange of Information* (AEOI)   84
        3.4.1. Especial Atenção às *NFES* Passivas e *Trusts*   87
    3.5. Panorama Atual   95

4. EVOLUÇÃO DO TEMA NA SUÍÇA   107
    4.1. O Escândalo de Evasão Fiscal   111

4.2 Posição Atual do País com Relação ao Sigilo Bancário — 114

5. EVOLUÇÃO DO TEMA NO BRASIL — 117
   5.1. Legislação — 117
      5.1.1. Primeira Regulamentação Até a Constituição de 1988 — 117
      5.1.2. IPMF/CPMF — 120
      5.1.3. Período Posterior a 2001 — 122
   5.2. Jurisprudência — 127
      5.2.1. Período até 1993 — 127
      5.2.2. Período de 1993 a 2000 — 129
      5.2.3. Período Posterior a 2001 — 132
   5.3. Situação Atual do Brasil — 145

6. CONCLUSÃO — 155

REFERÊNCIAS BIBLIOGRÁFICAS — 159

REFERÊNCIAS COMPLEMENTARES — 169

REFERÊNCIAS LEGISLATIVAS — 171

REFERÊNCIA JURISPRUDENCIAL — 175

APÊNDICE A – TRANSCRIÇÃO DAS PERGUNTAS ELABORADAS NA PÁGINA ACESSO À INFORMAÇÃO — 179
ANEXO A – PESQUISA DE CAMPO – SECRETARIA DA RECEITA FEDERAL DO BRASIL — 181
ANEXO B – PESQUISA DE CAMPO – RESPOSTA DE DELEGADA DA RECEITA FEDERAL A PEDIDO DE INFORMAÇÃO REALIZADO NA OUVIDORIA — 184
ANEXO C – PESQUISA DE CAMPO – QUESTIONÁRIOS — 187
ANEXO D – RESPOSTA A PEDIDO DE INFORMAÇÃO À SECRETARIA DE FINANÇAS INTERNACIONAIS SUÍÇA — 196

1. Introdução

Este trabalho tem como objetivo estudar a tendência global de cooperação entre países com vistas a combater a evasão fiscal, os mecanismos desenvolvidos para tanto, bem como os desafios da proteção dos direitos individuais (sigilos bancário e fiscal), em âmbito internacional, em oposição ao interesse coletivo.

Trata-se de tema absolutamente interessante, pois a contraposição dos limites dos direitos individuais ao interesse coletivo sempre foi amplamente debatida. E a troca global de informações para fins tributários renova essa discussão: quais informações serão fornecidas e como elas serão tratadas pelo país receptor são apenas alguns dos questionamentos possíveis.

É verdade que os acordos para evitar a bitributação, que obedecem ao modelo da Organização para Cooperação e Desenvolvimento Econômico (OCDE), trazem em seu artigo 26 uma previsão para troca de informações (mediante requisição específica) para fins fiscais. Entretanto, o Brasil tem apenas trinta e três acordos deste tipo vigentes[1]. Portanto,

---

[1] RECEITA FEDERAL. **Acordos para evitar a dupla tributação e prevenir a evasão fiscal**. Atualizado em 29 jan. 2018. Disponível em: <http://idg.receita.fazenda.gov.br/acesso-rapido/legislacao/acordos-internacionais/acordos-para-evitar-a-dupla-tributacao/acordos-para-evitar-a-dupla-tributacao>. Acesso em: 18 mar. 2018. Acordos celebrados com os seguintes países: África do Sul, Argentina, Áustria, Bélgica, Canadá, Chile, China, Coréia do Sul, Dinamarca, Equador, Eslováquia, Espanha, Filipinas, Finlândia, França, Hungria, Índia, Israel, Itália, Japão, Luxemburgo, México, Noruega, Países Baixos, Peru, Portugal, República Tcheca, Rússia, Suécia, Trinidad e Tobago, Turquia, Ucrânia e Venezuela.

pode-se afirmar que, enquanto fundamentadas exclusivamente nesses acordos, as trocas de informações eram bastante restritas, seja pela forma com que elas são previstas (específicas, mediante requisição), seja porque limitadas aos países com os quais se firmavam acordos bilaterais (sujeitas, portanto, à exclusiva vontade das partes).

Por esse motivo, há muitos anos os países têm buscado meios que possibilitem a tributação de recursos e rendimentos mantidos por seus cidadãos no exterior, a fim de minimizar os efeitos da transferência indevida de renda para países com tributação favorecida.

Entretanto, essa tendência de permitir a troca de informações de forma facilitada é absolutamente delicada, pois envolve a proteção de direitos e liberdades individuais em âmbito internacional, além da soberania dos Estados participantes. Mas também é importante frisar que "na esfera do Direito Internacional Econômico, há definições de padrões internacionais que não são necessariamente vinculantes sob o ponto de vista jurídico tradicional, mas são eficientes na mesma medida"[2].

Um dos pontos sensíveis é a soberania dos Estados, bem como os poderes e limites da cooperação e governança transnacional, pois não se trata exatamente de uma autoridade, um poder instituído, mas algo que acontece no âmbito de uma organização intergovernamental como a OCDE, e entre esta e os países, sejam membros ou não. Trata-se de um "poder" que encontra legitimidade na união de países que possuem um objetivo comum, mas que, por vezes, algum de seus membros pode utilizar-se da força desse poder organizacional para induzir comportamento de países que, buscando manter íntegra sua soberania, não se uniram em tal organização.

De acordo com o artigo 5º da Convenção da OCDE[3], para alcançar seu objetivo principal de promover um desenvolvimento econômico

---

[2] COELHO, Carolina Reis Jatobá. Sigilo Bancário e Governança Global: a Incorporação do F.A.T.C.A. – Foreign Account Tax Compliance Act no Ordenamento Jurídico Brasileiro Diante o Impacto Regulatório Internacional. **Revista da Receita Federal: Estudos Tributários e Aduaneiros**. Brasília, v. 1, n. 1, p.217-232, dez. 2015. Disponível em: <https://www.editoraroncarati.com.br/v2/phocadownload/revista_receita_federal_n2_2015_fatca.pdf>. Acesso em: 24 jun. 2018. p. 120.

[3] OECD. **Convention on the Organisation for Economic Co-operation and Development**. 1960. Disponível em: <http://www.oecd.org/general/conventionontheorganisation-foreconomicco-operationanddevelopment.htm >. Acesso em: 29 nov. 2017. (tradução livre).

INTRODUÇÃO

mundial sustentável, esta pode proferir decisões, recomendações e realizar acordos. Dentre estes instrumentos, cabe destacar as decisões, de observância obrigatória a seus membros (em meu entendimento, um ponto sensível), que acabam se despojando de parcela de sua soberania ao aderir a essa organização intergovernamental, pois aceitam, previamente, submeter-se às decisões tomadas em seu âmbito.

É certo que se trata de uma organização com trinta e seis países membros[4], e suas decisões são tomadas com cautela (vide o fato de que a última decisão data de junho de 2007) e, em sua grande maioria, não tratam de temas controvertidos (que, em geral, são disciplinados através de suas recomendações, um instrumento menos enfático se comparado às decisões).

Paralelamente ao poder de induzir comportamento exercido pela OCDE, é necessário analisar uma outra fonte de poder legítimo na governança transnacional, o poder econômico, que, na maioria das vezes, mostra-se bastante perigoso, pois consegue se impor sobre outras soberanias independentemente de qualquer adesão prévia. Esse poder é exercido de modo a obrigar outros Estados a submeterem-se à sua vontade, muitas vezes fazendo concessões de parcela considerável de sua soberania.

Nesse tema, é possível trazer à análise o *Foreign Account Tax Compliance Act* (FATCA), como um possível exemplo de exercício de poder de barganha fundamentado no poder econômico, criado em março de 2010, nos Estados Unidos da América, no bojo do *Hiring Incentives to Restore Employment Act* (HIRE Act) um conjunto de medidas que tinha por finalidade recuperar empregos extintos na crise econômica mundial de 2008.

Portanto, os poderes e limites da cooperação e governança transnacional são temas sensíveis e de grande importância em matéria fiscal, cuja análise é absolutamente pertinente e importante para o presente estudo.

---

[4] Países membros da OCDE, em 18 fev. 2019: Alemanha, Austrália, Áustria, Bélgica, Canadá, Chile, Coréia, Dinamarca, Eslovênia, Espanha, Estados Unidos, Estônia, Finlândia, França, Grécia, Hungria, Irlanda, Islândia, Israel, Itália, Japão, Letônia, Lituânia, Luxemburgo, México, Noruega, Nova Zelândia, Países Baixos, Polônia, Portugal, Reino Unido, República Eslováquia, República Tcheca, Suécia, Suíça e Turquia.

Os direitos e liberdades individuais são protegidos pelos diversos sistemas legislativos de forma e intensidade distintos. No Brasil, eles são protegidos pela Constituição Federal, e são considerados cláusulas pétreas, ou seja, não podem ser abolidos do sistema, nem mesmo por projeto de emenda à Constituição.

De acordo com o caput do artigo 5º da Constituição Federal, brasileiros e estrangeiros residentes no país são iguais perante a Lei, portanto, a todos se aplicam as regras protetivas do sigilo de dados (bancários) e fiscal. Sendo assim, o primeiro questionamento possível refere-se à postura dos governos, sobretudo o brasileiro, quando os novos acordos passarem a vigorar.

Outro ponto importante a ser analisado, conforme apontado no comunicado da Comissão Europeia ao Parlamento Europeu, é a necessidade de trabalhar de forma adequada essa troca de informações a fim de se evitar duplicação da informação, o que traria graves prejuízos aos contribuintes e ao novo modelo que se pretende implementar.

Portanto, as ações a serem adotadas nesse sentido certamente produzirão efeitos na vida dos contribuintes, apenas não se sabe de que espécie e em que intensidade e velocidade. É necessário que todos os envolvidos na relação tributária estejam devidamente preparados para lidar com as novas ferramentas fiscais em âmbito global.

Foi realizada pesquisa de campo qualitativa com uma Delegada da Receita Federal (através de pedido de informação realizado na Ouvidoria do Ministério da Fazenda) e três especialistas no setor bancário. Também foram elaboradas perguntas na página mantida pelo governo brasileiro na *internet*, denominada Acesso à Informação[5].

Além disso, foi elaborada uma pergunta na página da Receita Federal suíça na *internet* específica para a troca automática de informações[6], a respeito da conduta de alguns bancos suíços em relação a clientes brasileiros durante a vigência do Regime Especial de Regularização Cambial e Tributária (RERCT).

Houve a intenção de efetuar questionamentos acerca do tema para a Receita Federal norte-americana, entretanto, não foi possível, tendo em

---

[5] Disponível em: <http://www.acessoainformacao.gov.br/>. Acesso em: 20 ago. 2018.
[6] Disponível em: <https://www.sif.admin.ch/sif/en/home/themen/informationsaustausch/automatischer-informationsaustausch/automatischer-informationsaustausch1/kontaktformular-aia.html>. Acesso em: 20 ago. 2018.

INTRODUÇÃO

vista não haver em sua respectiva página na *internet*[7] qualquer forma de acesso, de modo personalizado (como existe no Brasil e na Suíça) para obtenção de informações por escrito. Apenas são fornecidos telefones para contato diretamente com a autoridade fiscal local (em especial, para sanar dúvidas relativas ao preenchimento da declaração do imposto de renda). Foi, ainda, consultada a página do governo norte-americano na *internet*[8], em que são apresentadas duas formas de contato com o governo para sanar dúvidas, através de telefone ou *web chat*[9]. Efetuado contato através deste último, não foi possível obter qualquer informação diferente daquela já constante nas referidas páginas, mesmo após afirmar que a solicitação tinha finalidade acadêmica.

O objetivo da pesquisa foi apurar como os acordos para troca de informações (publicados até dezembro de 2018) impactaram o trabalho das pessoas diretamente envolvidas e sua opinião a respeito do tema. Essa pesquisa foi de grande relevância para o desenvolvimento do presente estudo, uma vez que permitiu conhecer diferentes pontos de vista e experiências práticas de pessoas que atuam nos setores diretamente impactados, bem como atestar a observância do sigilo bancário no Brasil.

Por fim, importante ressalvar que, como o tema é bastante novo, ainda há grande discussão sobre as regras vigentes. Por esse motivo, optou-se por um corte temporal, tendo como limite dezembro de 2018, de modo que notícias, novas discussões e publicações sobre o tema a partir de então não foram consideradas.

---

[7] Disponível em: <https://www.irs.gov/>. Acesso em: 18 jan. 2019.
[8] Disponível em: <https://www.treasury.gov/tigta/index.shtml>. Acesso em: 18 jan. 2019.
[9] Disponível em: <https://www.usa.gov/chat>. Acesso em: 18 jan. 2019.

2. Pressupostos

Para o bom desenvolvimento do presente estudo, é de suma importância a análise dos principais conteúdos envolvidos. Diz-se análise porque compreende não apenas trazer uma definição estática, mas demonstrar que a maior parte dos institutos tiveram sua definição e abrangência alteradas ao longo do tempo, numa franca demonstração de que o Direito é dinâmico e altera-se conforme o desenvolvimento das relações humanas.

2.1. A Ordem Jurídica Internacional

Em uma concepção clássica, o direito internacional é compreendido como um conjunto de leis que se diferem da legislação doméstica, fundamentalmente, pelo fato de operarem entre coletividades iguais e soberanas. Sua principal característica é, portanto, operar entre coletividades e não acima destas[10].

Segundo Frédéric Mégret, é importante ter em mente que a ordem jurídica internacional tem presenciado o surgimento de atores distintos dos Estados, como organizações internacionais e empresas multinacionais, que têm uma posição reconhecida no direito internacional[11], e que este é um tema dinâmico e em constante evolução[12].

---

[10] MÉGRET, Frédéric. International law as law. In: CRAWFORD, James; KOSKENNIEMI, Martti (Eds.). **The Cambridge Companion to International Law**. Cambridge: Cambridge University Press. p. 64-65. Disponível em: <https://www.cambridge.org/core/books/cambridge-companion-to-international-law/international-law-as-law/3183B2BEBFCDE04EF9C8B2E918BF6C6F>. Acesso em: 12 fev. 2019. (tradução livre).
[11] *Ibidem*, p. 66.
[12] *Ibidem*, p. 89.

Por esse motivo, Matej Savic afirma:

[...] we can say that the notion of international legal order is determined by the totality of 1) rules (norms) of positive international law arising from all its formal sources, i.e. all conventions in force, 2) all general and particular customary rules, 3) general principles of law that are valid, 4) interstate practices and politics, i.e. conducts in international relations, and 5) the relevant unilateral acts of states, international organizations and institutions. Simply put, we can state that the international legal order includes all cogent norms of international law, relations and conducts in the international community and general values that humanity as a whole, has built up to today. It is the totality of international life, of which the main actors are states and international organizations, while the individuals are the ultimate addresses. [...].[13]

Como se verifica, o tema traz em si diversos conceitos, alguns deles amplamente aceitos e de simples definição, outros, porém, bastante controvertidos na doutrina e nas relações internacionais, constantemente debatidos, respondidos e recolocados em discussão nessa dinâmica relação, sendo que os mais relevantes para o presente estudo serão analisados nos próximos títulos.

---

[13] SAVIC, Matej. International Legal Order and the Problems of State Sovereignty in the 21st Century. In: INTERNATIONAL CONFERENCE ON EUROPEAN STUDIES, 6., 2017, Tirana. **Proceedings book.** Tirana: Epoka University Press, 2017. p. 179 – 199. Disponível em: <https://drive.google.com/file/d/11JV1apJANmcwh4d2Zt-LAw-OShaF_3O5/view>. Acesso em: 13 fev. 2019. [...] podemos dizer que a noção de ordem jurídica internacional é determinada pela totalidade de: 1) regras (normas) de direito internacional positivo provenientes de todas as suas fontes formais, como todas as onvenções em vigor; 2) todas as regras de costume, gerais e particulares; 3) princípios gerais de direito válidos; 4) práticas e políticas entre Estados, como as condutas nas relações internacionais; 5) os atos unilaterais relevantes de Estados, organizações internacionais e instituições. Simplificando, é possível afirmar que a ordem jurídica internacional inclui todas as normas cogentes de direito internacional, relações e condutas na comunidade internacional e valores gerais que a humanidade, como um todo, tem construído até hoje. É a totalidade da vida internacional, da qual os principais atores são Estados e organizações internacionais, enquanto os indivíduos são os destinatários finais. [...]. (tradução livre).

2.2. Soberania

A primeira noção de soberania foi trazida por Jean Bodin em sua obra "Methodus", em 1566, como a condição essencial para se governar uma sociedade. Segundo o filósofo, a soberania envolve quatro principais ações: "a criação de magistraturas e a atribuição de suas funções; o poder de promulgar e revogar as leis; o direito de declarar a guerra e concluir a paz; a atribuição de penas e recompensas"[14].

Mais tarde, em 1576, o mesmo autor, em sua obra *Les Six Livres de la République*, a definiu como sendo o poder absoluto (não está sujeito a limites, de qualquer ordem) e perpétuo do Estado, sempre com conotação interna (o poder mais alto dentro de sua jurisdição) e externa (independência com relação aos demais países).[15]

Esta foi a primeira definição de soberania, conceito este que tem sofrido alterações para adequar-se às novas relações estabelecidas, sem deixar, no entanto, de perder sua importância, destacada no artigo segundo[16] da Carta da Organização das Nações Unidas (ONU) de 1945.

Em 1969, a Convenção de Viena sobre o Direito dos Tratados[17], surgida em razão das crescentes relações internacionais e a importância dos tratados como fonte do direito internacional, trouxe em seu bojo aquilo que se pode chamar de relativização do conceito clássico de soberania, uma vez que em seus artigos 26 e 27 determina que os acordos devem ser cumpridos de boa-fé e que as partes convenentes não podem deixar

---

[14] BARROS, Alberto Ribeiro de. O conceito de soberania no Methodus de Jean Bodin. **Discurso**. São Paulo, v. 27, n. 1, p. 139-155, dez. 1996. ISSN 2318-8863. Disponível em: <http://www.revistas.usp.br/discurso/article/view/140419/135461>. Acesso em: 10 mar. 2018. p. 141

[15] DALLARI, Dalmo de Abreu. **Elementos de teoria geral do Estado**. São Paulo: Saraiva, 1995. p. 65-66.

[16] *Article 2* The Organization and its Members, in pursuit of the Purposes stated in Article 1, shall act in accordance with the following Pinciples: 1. The Organization is based on the principle of the sovereign equality of all its Members. [...]. ONU. **Charter of the United Nations and Statute of the International Court of Justice**. Disponível em: <https://treaties.un.org/doc/publication/ctc/uncharter.pdf>. Acesso em: 15 fev. 2019. Artigo 2 A Organização e seus Membros, em busca de seus propósitos, estabelecidos no artigo 1, devem agir de acordo com os seguintes princípios: 1. A Organização é baseada no princípio da igualdade soberana de todos os seus Membros. [...]. (tradução livre).

[17] ONU. **United Nations Conference on the Law of Treaties**. New York, 1971. Disponível em: <https://treaties.un.org/doc/source/docs/A_CONF.39_11_Add.2-E.pdf>. Acesso em: 18 mar. 2018.

de aplicá-los sob argumento de que estariam em desacordo com seu direito interno.

Diz-se relativização porque, até o momento em que o Estado decide participar da sociedade internacional e aderir a um tratado internacional, ele tem a liberdade de submeter-se ou não ao acordo. Entretanto, uma vez comprometido, o Estado deve cumprir integralmente o acordado, sendo-lhe vedado, inclusive, invocar suas normas internas para deixar de cumpri-lo. Ou seja, a liberdade do Estado está em decidir obrigar-se por sua própria vontade, sem que outro possa interferir nessa decisão, mas, uma vez assumida a obrigação perante a sociedade internacional, deve aceitar suas regras[18].

Não obstante, o reconhecimento da soberania enquanto princípio, através da Resolução nº 2625 adotada pela Assembleia Geral da ONU em 1970, denota a importância desse instituto:

> **The principle of sovereign equality of States**
> All States enjoy sovereign equality. They have equal rights and duties and are equal members of the international community, notwithstanding differences of an economic, social, political or other nature.
> In particular, sovereign equality includes the following elements:
> a States are judicially equal;
> b. Each State enjoys the rights inherent in full sovereignty;
> c. Each State has the duty to respect the personality of other States;
> d. The territorial integrity and political independence of the State are inviolable;
> e. Each State has the right freely to choose and develop its political, social, economic and cultural systems;
> f. Each State has the duty to comply fully and in good faith with its international obligations and to live in peace with other States.[19]

---

[18] MAZZUOLI, Valerio de Oliveira. **Curso de direito internacional público.** 9. ed. rev., atual. e ampl. São Paulo: Revista dos Tribunais, 2015. p. 557.

[19] ONU. **Resolutions adopted on the reports of the sixth committee.** 1970. Disponível em: <http://www.un.org/en/ga/search/view_doc.asp?symbol=A/RES/2625(XXV)>. Acesso em: 14 fev. 2019. O princípio da igualdade soberana dos Estados. Todos os Estados gozam de igualdade soberana. Eles têm direitos e deveres iguais e são igualmente membros da comunidade internacional, não obstante as diferenças econômicas, sociais, políticas ou de outra natureza. Em particular, igualdade soberana inclui os seguintes elementos: a. Os Estados são judicialmente iguais; b. Cada Estado goza dos direitos inerentes à plena soberania; c. Cada

Atualmente, entende-se que a soberania sofre diversas influências, como a organização interna de um Estado e seu posicionamento na sociedade internacional perante o direito internacional. A democracia (os Estados que a adotam devem respeitar a vontade popular) e a formação de comunidades internacionais são exemplos dessa influência, que evidenciam a não mais existência da autoridade ilimitada.[20]

Oliveiros Litrento, já no ano de 1984, observava que o cenário então vivido, de graves problemas econômicos e pressões de grupos internos, algumas soberanias acabam tornando-se dependentes do poderio econômico de Estados mais fortes[21]. E essa afirmação continua válida para os dias atuais.[22]

2.3. Validade e Aplicação dos Tratados Internacionais no Direito Brasileiro

A Convenção de Viena sobre o Direito dos Tratados referida anteriormente, como o próprio nome diz, é a norma que disciplina os tratados internacionais em todas as suas fases.

Estado tem o dever de respeitar a personalidade dos outros Estados; d. A integridade territorial e independência política do Estado são invioláveis; e. Cada Estado tem o direito de livremente escolher e desenvolver seus sistemas político, social, econômico e cultural; f. Cada Estado tem o dever de cumprir integralmente e de boa-fé suas obrigações internacionais e viver em paz com outros Estados. (tradução livre).

[20] SAVIC, Matej. *Idem*, p. 189-193.

[21] LITRENTO, Oliveiros Lessa. A soberania em mudança. **Revista de Ciência Política**. Rio de Janeiro, v. 27, n. 2, p. 50-97, mai. 1984. ISSN 0034-8023. Disponível em: <http://bibliotecadigital.fgv.br/ojs/index.php/rcp/article/view/60387/58654>. Acesso em: 10 mar. 2018. p. 58-59.

[22] Nowadays, we eyewitness a gradual process of the states sovereignty decline, mainly in economic and market sense, proved by "confrontation of private interests that have become publicly relevant." (Offe, 1999) These private interests in the atmosphere of the so-called free competition already exceeds the capacity of a large number of countries, and therefore the coordination necessity or mediation. [...]. Consequently, the ideas of the transnational concepts are increasingly actualized, which corresponds to the global market and multinational corporations. Disponível em: SAVIC, Matej. *Idem*, p. 193. Atualmente, testemunhamos um processo gradual de declínio da soberania dos Estados, principalmente em termos econômicos e de mercado, comprovado pelo "confronto de interesses privados que se tornaram publicamente relevantes." (Offe, 1999) Esses interesses privados na atmosfera da chamada livre concorrência já ultrapassam a capacidade de um grande número de países e, portanto, a necessidade de coordenação ou mediação. [...].

Segundo a Convenção, todos os Estados têm a capacidade de concluir Tratados, observada a regra do artigo 26, intitulado *"pacta sunt servanda"*, segundo a qual os Tratados em vigor vinculam as partes e devem ser por elas cumpridos de boa-fé.

Vale a pena destacar o fato de haver sido colocado, juntamente com o princípio da força obrigatória dos contratos, a necessidade de boa-fé em seu cumprimento. Segundo o relatório elaborado pela Comissão de Direito internacional à Assembleia Geral da ONU no período de debates dos dispositivos da Convenção de Viena, em 1966, este princípio é fundamental no Direito dos Tratados[23]:

Article 23. *Pacta sunt servanda*
Every treaty in force is binding upon the parties to it and must be performed by them in good faith.
Commentary
(1) *Pacta sunt servanda* – the rule that treaties are binding on the parties and must be performed in good faith – is the fundamental principle of the law of treaties. Its importance is underlined by the fact that it is enshrined in the Preamble to the Charter of the United Nations. As to the Charter itself, paragraph 2 of Article 2 expressly provides that Members are to "fulfill in good faith the obligations assumed by them in accordance with the present Charter".
(2) There is much authority in the jurisprudence of international tribunals for the proposition that in the present context the principle of good faith is a legal principle which forms an integral part of the rule *pacta sunt servanda*. [...].the Permanent Court of International Justice, in applying treaty clauses prohibiting discrimination against minorities, insisted in a number of cases, that the clauses must be so applied as to ensure the absence of discrimination in fact as well as in law; in other words, the obligation must not be evaded by a merely literal application of the clauses. Numerous precedents could also be found in the jurisprudence of arbitral tribunals. To give only one example, in the *North Atlantic Coast Fisheries* arbitration the Tribunal dealing with Great Britain's right to regulate fisheries in Canadian waters in which she had granted certain fishing rights to United States nationals by the Treaty of Ghent, said:

[23] O dispositivo em comento teve sua posição e, consequentemente, sua numeração alterada duas vezes ao longo dos debates (55, 23), tendo, na versão final, figurado como artigo 26.

"...from the Treaty results an obligatory relation whereby the right of Great Britain to exercise its right of sovereignty by making regulations is limited to such regulations as are made in good faith, and are not in violation of the Treaty".
[...].[24]

E, com a finalidade de destacar a importância da boa-fé nas relações internacionais, a Resolução nº 2625 adotada pela Assembleia Geral da ONU em 1970 a reconheceu expressamente como princípio, com a finalidade de efetivar sua aplicação:

Declaration on Principles of International Law Concerning Friendly Relations and Co-operation among States in Accordance with the Charter of the United Nations
Preamble
The General Assembly,
[...]

---

[24] YEARBOOK OF THE INTERNATIONAL LAW COMISSION, v. II, 1966, New York. **Documents of the second part of the seventeenth session and of the eighteenth session including the reports of the Comission to the General Assembly.** New York: United Nations, 1967. Disponível em: <http://legal.un.org/docs/?path=../ilc/publications/yearbooks/english/ilc_1966_v2.pdf&lang=EFS>. Acesso em: 13 fev. 2019. p. 217. Artigo 23. *Pacta sunt servanda*. Todo tratado em vigor é vinculativo para as partes e precisa ser cumprido por elas de boa-fé. (1) *Pacta sunt servanda* – a regra segundo a qual os tratados são vinculativos para as partes e precisam ser cumpridos de boa-fé – é o princípio fundamental da lei dos tratados. Sua importância destaca-se pelo fato de que é consagrado no Preâmbulo da Carta das Nações Unidas. A própria Carta, em seu parágrafo 2 do artigo 2 expressamente estabelece que os Membros devem "cumprir de boa-fé as obrigações por eles assumidas de acordo com a presente Carta". (2) Há muita autoridade na jurisprudência dos tribunais internacionais para a proposição de que, no presente contexto, o princípio da boa-fé é um princípio legal que é parte integrante da regra *pacta sunt servanda*. [...] a Corte Internacional de Justiça Permanente, ao aplicar cláusulas de tratados que proíbam a discriminação contra minorias afirmou, em diversos casos, que as cláusulas precisam ser aplicadas de forma a garantir a ausência de discriminação de fato, assim como previsto na lei; em outras palavras, não se pode deixar de cumprir a obrigação por uma mera aplicação literal de suas cláusulas. Numerosos precedentes também podem ser encontrados na jurisprudência de tribunais arbitrais. Para dar apenas um exemplo, na arbitragem da *North Atlantic Coast Fisheries*, o Tribunal, tratando do direito da Grã-Bretanha de regular as pescas em águas canadenses, nas quais ela tinha concedido certos direitos de pesca a nacionais dos Estados Unidos pelo Tratado de Ghent, afirmou: "... do Tratado resulta uma relação obrigatória, através da qual o direito da Grã-Bretanha de exercer seus direitos de soberania através da regulamentos é limitado a que tais regulameentos sejam feitos de boa-fé, e não em violação ao Tratado". [...]. (tradução livre).

Considering that the faithful observance of the principles of international law concerning friendly relations and co-operation among States and the fulfillment in good faith of the obligations assumed by States, in accordance with the Charter, is of the greatest importance for the maintenance of international peace and security and for the implementation of the other purposes of the United Nations,

[...]

Considering that the progressive development and codification of the following principles:

[...]

g. The principle that States shall fulfil in good faith the obligations assumed by them in accordance with the Charter,

so as to secure their more effective application within the international community, would promote the realization of the purposes of the United Nations,

[...]

1. Solemnly proclaims the following principles:

[...]

The principle that States shall fulfil in good faith the obligations assumed by them in accordance with the Charter

Every State has the duty to fulfil in good faith the obligations assumed by it in accordance with the Charter of the United Nations.

Every State has the duty to fulfil in good faith its obligations under the generally recognized principles and rules of international law.

Every State has the duty to fulfil in good faith its obligations under international agreements valid under the generally recognized principles and rules of international law.

Where obligations arising under international agreements are in conflict with the obligations of Members of the United Nations under the Charter of the United Nations, the obligations under the Charter shall prevail.[25]

---

[25] ONU. **Resolutions adopted on the reports of the sixth committee**. 1970. Disponível em: <http://www.un.org/en/ga/search/view_doc.asp?symbol=A/RES/2625(XXV)>. Acesso em: 14 fev. 2019. Declaração de Princípios de Direito Internacional Relativos a Relações Amigáveis e Cooperação entre Estados, de acordo com a Carta das Nações Unidas. Preâmbulo. A Assembleia Geral, [...] Considerando que a fiel observância dos princípios de direito internacional relativos a relações amigáveis e cooperação entre Estados e o cumprimento

Desta forma, importante sempre ter em mente que, quando se fala na aplicação do princípio *pacta sunt servanda* em matéria de tratados internacionais, a boa-fé é parte integrante desse conceito.

Afirmar a força obrigatória dos contratos traz consigo a questão da validade e aplicação dos Tratados Internacionais no âmbito interno dos Estados. Como conciliar a norma interna à internacional e qual a hierarquia da norma internacional relativamente às normas internas são os primeiros desafios.

Nesse tema, segundo Valério de Oliveira Mazzuoli[26], a doutrina (e a própria legislação) se divide em duas correntes principais, dualista e monista.

De acordo com a doutrina dualista, o direito interno e o direito internacional são sistemas completamente independentes, não havendo conflito entre ambos. Segundo este entendimento, a assinatura de um tratado internacional significa apenas a assunção de um compromisso, sem qualquer interferência no direito interno.

Para esta doutrina, a norma interna é a mais importante, pois decorrente do exercício da soberania, e considera a norma internacional apenas como compromissos externos assumidos por representantes dos Estados. Sendo assim, para que uma norma internacional produza efeitos no âmbito interno é necessário que esta seja internalizada, conforme as

---

com boa-fé das obrigações por eles assumidas de acordo com a Carta, é de grande importância para a manutenção da paz e segurança internacional e para a implementação de outros propósitos das Nações Unidas, [...] Considerando que o contínuo desenvolvimento e codificação dos seguintes princípios: [...] g. O princípio pelo qual os Estados devem cumprir de boa-fé as obrigações por eles assumidas de acordo com a Carta, de modo que, garantir sua aplicação mais efetiva na comunidade internacional poderia promover a realização dos propósitos das Nações Unidas, [..] 1. Solenemente provlama os seguintes princípios: [...] O princípio pelo qual os Estados devem cumprir com boa-fé as obrigações por eles assumidas de acordo com a Carta. Todo Estado tem o dever de cumprir com boa-fé as obrigações por eles assumidas de acordo com a Carta das Nações Unidas. Todo Estado tem o dever de cumprir em boa-fé suas obrigações sob os princípios gerais de direito amplamente recvonhecidos e as regras de direito internacional. Todo Estado tem o dever de cumprir com boa-fé suas obrigações decorrentes de acordos internacionais válidos, sob os princípios gerais de direito amplamente recvonhecidos e as regras de direito internacional. Na hipótese de as obrigações provenientes de acordos internacionais entrarem em conflito com as obrigações contraídas pelos Membros das Nações Unidas através da Carta das Nações Unidas, as obrigações provenientes da Carta devem prevalecer.

[26] MAZZUOLI, *op. cit.*, p. 91-117.

regras locais (fenômeno da recepção), momento em que recebe a condição de norma de direito interno, sendo, portanto, passível de alteração ou revogação segundo tais regras.

Assim, os países que adotam o modelo dualista exigem que, além da ratificação, exista outro ato do parlamento, que internalize suas regras. É o caso da Itália, que exige, além da ratificação, a promulgação de leis de aprovação do Tratado, e da Islândia, que condiciona sua aplicação a um ato especial do Parlamento.

Já para a teoria monista, o ordenamento jurídico é um só, sendo o Direito Interno e o Direito Internacional apenas alguns de seus ramos. Para esta corrente, o Direito Internacional é diretamente aplicável no ordenamento jurídico interno, tão logo um Tratado é ratificado.

Nesse contexto, existe a possibilidade de conflito entre norma interna e norma internacional, hipótese que divide a doutrina em três correntes distintas no que tange à sua solução, a saber: nacionalista, internacionalista e internacionalista dialógico[27].

Para a teoria monista nacionalista, a norma internacional somente se torna obrigatória no âmbito interno se o Estado assim a reconhecer, no exercício de sua soberania. E, como a Constituição é a norma maior de um Estado, é nela que devem estar inseridas as regras quanto à integração e à hierarquia das normas internacionais.

Já a teoria monista internacionalista entende que o direito interno é decorrente do Direito Internacional, sendo este hierarquicamente superior àquele. De acordo com esta teoria, a norma internacional é superior à norma interna porque encontra seu fundamento de validade no princípio *pacta sunt servanda* (o mesmo contido no artigo 26 da Convenção de Viena sobre o Direito dos Tratados). Portanto, a norma internacional prevalece em relação à norma interna.

Por fim, a teoria monista internacionalista dialógica, uma decorrência da anterior, traz norma especial para solução de conflito entre normas sobre direitos humanos. Para esta teoria, a norma internacional traz em seu bojo, implícita ou explicitamente, um comando que permite a aplicação daquela mais benéfica na hipótese de conflito entre norma interna e internacional. Trata-se da aplicação do princípio da prevalência da

---

[27] Idem, p. 100.

norma mais favorável ao ser humano, inserido no artigo 29, alínea "b", do Pacto de San Jose da Costa Rica[28].

Vale registrar, ainda, conforme noticiado por Valério Mazzuoli[29], a existência de uma terceira corrente, coordenadora ou conciliatória, "que sustenta a coordenação de ambos os sistemas a partir de normas a eles superiores, a exemplo das regras do Direito Natural", posição esta ainda não amparada pela legislação ou jurisprudência internacional.

A Constituição brasileira não é expressa quanto ao posicionamento adotado em relação aos tratados e normas internacionais. Apenas disciplina, nos parágrafos 1º e 2º do artigo 5º da Constituição, que os tratados e normas internacionais que disciplinam direitos e garantias fundamentais são considerados normas materialmente constitucionais, e, no parágrafo 3º do mesmo artigo, que os tratados e normas internacionais que tratam de direitos humanos podem ser equivalentes a emendas constitucionais conforme seu quórum de aprovação.

Desta forma, para verificar o posicionamento adotado pelo Brasil neste tema, é necessário realizar uma leitura atenta não só dos parágrafos do artigo 5º, mas dos demais dispositivos constitucionais.

É possível afirmar que a norma do artigo 5º, parágrafo 2º da Constituição Federal adota a teoria monista internacionalista, pois a determinação de que os direitos e garantias previstos em seu bojo não excluem outros decorrentes de tratados internacionais, deixa claro que estes são hierarquicamente superiores às leis. Assim, a legislação interna deve observar os direitos e garantias previstos na Constituição e nos tratados internacionais promulgados.

A análise feita por Alberto Xavier acerca da redação do artigo 178 da Constituição Federal, juntamente com o artigo 52, parágrafo único, do Ato das Disposições Constitucionais Transitórias (ADCT) corrobora esse entendimento, uma vez que ambos determinam a observância dos tratados internacionais em prevalência à norma interna, o primeiro, em matéria de transporte internacional aéreo, aquático e terrestre, enquanto o segundo, no campo do mercado financeiro.

---

[28] BRASIL. Decreto nº 678, de 06 de novembro de 1992. Promulga a Convenção Americana sobre Direitos Humanos (Pacto de São José da Costa Rica), de 22 de novembro de 1969. **Presidência da República**, Brasília, DF, 09 nov. 1992. Disponível em: <http://www.planalto.gov.br/ccivil_03/decreto/D0678.htm>. Acesso em: 08 mai. 2018.

[29] *Op. cit.*, p. 110.

Outro dispositivo constitucional que denota a adoção da teoria monista é o artigo 105, inciso III, que concede competência ao STJ para julgar recurso especial em causas decididas por Tribunais, cuja decisão contrariar tratado ou lei federal, em franca demonstração de que o tratado é fonte normativa. Segundo o autor:

> Daqui decorre que os tratados são fonte imediata de direitos e obrigações para os seus destinatários, podendo ser invocados, como tal, perante os tribunais tão logo eficazes em face da ordem interna e que, consequentemente, à interpretação dos seus preceitos são aplicáveis as regras de hermenêutica que vigoram quanto aos tratados e não as que respeitam à legislação interna de cada Estado contratante[30].

Especificamente em matéria tributária, o artigo 98 do Código Tributário Nacional adota, expressamente, a teoria monista, o entendimento de superioridade hierárquica do tratado em face das normas tributárias domésticas, ao afirmar que "Os tratados e as convenções internacionais revogam ou modificam a legislação tributária interna, e serão observados pela que lhes sobrevenha".

Assim, bastante evidente o fato de que o ordenamento jurídico brasileiro adotou a teoria monista (internacionalista) para a solução de conflito entre norma interna e a norma internacional, vez que, reiteradamente, reconheceu a superioridade desta.

Quanto à validade, a Constituição Federal disciplina a competência do Presidente da República para celebrar tratados, convenções e atos internacionais (artigo 84, inciso VIII) e exige que o Congresso Nacional resolva definitivamente acerca dos mesmos (artigo 49, inciso I).

Sendo assim, para que um tratado internacional produza efeitos no ordenamento jurídico brasileiro, em linhas gerais, é necessário que, após assinado, seu texto seja levado ao Congresso Nacional que, em caso de aprovação, emite o decreto legislativo que autoriza o Presidente da República a ratificar o tratado no âmbito internacional, o qual somente passa a ser obrigatório internamente após a promulgação de decreto executivo, dando conhecimento de seus termos e determinando seu cumprimento.

---

[30] XAVIER, Alberto. **Direito Tributário Internacional do Brasil.** 7. ed. Rio de Janeiro: Forense, 2010. p. 89.

Vejamos como exemplo o FATCA. Foi assinado o acordo para sua celebração em 23 de setembro de 2014, aprovado pelo Congresso Nacional através do Decreto Legislativo nº 46, de 25 de junho de 2015. Por fim, foi promulgado pelo Decreto nº 8.506, de 24 de agosto de 2015.

Esse é o trâmite previsto pela Constituição brasileira para a aplicação e validade dos Tratados Internacionais no âmbito interno. Entretanto, verifica-se a existência de outros atos que, ao lado dos acordos, são considerados atos internacionais pelo governo brasileiro. Conforme define o Ministério das Relações Exteriores, "Atos internacionais correspondem, segundo a prática brasileira, a tratados, acordos, memorandos de entendimento, ajustes complementares, convenções ou protocolos que criem normas e regulamentos"[31].

2.3.1. *Os Acordos Executivos*

Importante mencionar aqui o fato de que existem diversos acordos internacionais celebrados, inclusive pelo Brasil, sem o respectivo decreto legislativo, denominados "acordos executivos", uma prática diplomática que não se coaduna com a Constituição brasileira, ao contrário da legislação norte-americana, que expressamente autoriza o governo a celebrar acordos sobre matérias pré-determinadas.

Segundo Francisco Rezek[32], juristas que defendem a utilização dos acordos executivos o fazem sob o argumento de que se trata de "imperiosa necessidade estatal", pois as rápidas mudanças ocorridas no cenário da política internacional exigem decisões rápidas, o que não seria possível se obedecido todo o trâmite legislativo previsto em todos os países envolvidos, bem como um costume, que flexibilizaria a letra do texto constitucional.

O autor, citando Hildebrando Accioly[33], elenca três espécies de acordos executivos que, conforme o tema, poderiam ser considerados compatíveis com a Constituição brasileira: 1) acordos "que consignam simplesmente a interpretação de cláusulas de um tratado já vigente";

---

[31] MINISTÉRIO DAS RELAÇÕES EXTERIORES. **Atos Internacionais**. Disponível em: <https://concordia.itamaraty.gov.br/atos-internacionais>. Acesso em 03 jul. 2018.
[32] REZEK, José Francisco. **Direito internacional público: curso elementar**. 7. ed., rev. São Paulo: Saraiva, 1998. p. 65.
[33] ACCIOLY, 1948 apud REZEK, 1998, p. 66.

2) acordos "que decorrem, lógica e necessariamente, de algum tratado vigente e são como que o seu complemento" e; 3) acordos que "têm em vista apenas deixar as coisas no estado em que se encontram, ou estabelecer simples bases para negociações futuras".

É possível afirmar que, dos acordos executivos considerados compatíveis com o ordenamento jurídico brasileiro, o primeiro e o terceiro não se referem a novos compromissos ou encargos assumidos pelo Estado. Ao contrário, os primeiros têm por finalidade estabelecer a melhor interpretação para cláusulas de um acordo preexistente, ao passo que o terceiro se refere a tratativas que podem ou não, no futuro, servir de base para um acordo. Acordos desse tipo estão no âmbito da rotina diplomática, dentro dos poderes e liberdades previstos pela Constituição ao Presidente da República.

Já os acordos da segunda categoria demandam certa atenção. Isto porque, utilizados como complemento de acordos já existentes, podem implicar assunção de novos compromissos ou ônus não analisados pelo Congresso Nacional no momento de sua aprovação, hipótese em que poderiam ser considerados contrários ao regramento constitucional. E essa situação pode estar prevista no momento da assinatura do acordo, excluindo, de antemão, o parlamento, da aprovação dos acordos de especificação, detalhamento e suplementação a serem pactuados em momento ulterior.

Assim, os acordos executivos, embora não expressamente previstos pela Constituição brasileira, fazem parte da praxe internacional, de modo que a doutrina defende a possibilidade de sua adoção em determinadas hipóteses, desde que sejam reversíveis e não impliquem majoração do ônus financeiro já assumido, conforme ensina Francisco Rezek:

> Esses acordos devem ser, com efeito, desconstituíveis por vontade unilateral, expressa em comunicação à outra parte, sem delongas – ao contrário do que seria normal em caso de denúncia. De outro modo – ou seja, se a retratação unilateral não fosse hábil a operar prontamente –, o acordo escaparia às limitações que o conceito de rotina diplomática importa. Por igual, deve a execução desses acordos depender unicamente de recursos orçamentários *já alocados às relações exteriores*, não de outros[34].

---

[34] REZEK, op. cit., p. 68.

Um exemplo de acordo executivo previsto em acordo internacional firmado pelo Brasil está no artigo VIII do Acordo Brasil-Marrocos sobre Transportes Aéreos Regulares, promulgado pelo Decreto nº 83.241, de 07 de março de 1979:

> Artigo VIII
> 1. Cada Parte Contratante poderá promover consultas com as autoridades aeronáuticas à os outra Parte para interpretação, aplicação ou modificação do Anexo ao presente Acordo ou se a outra Parte Contratante tiver usado da faculdade prevista no Artigo III.
> 2. Tais consultas deverão ser iniciadas dentro do prazo de sessenta (60) dias a contar da data da notificação do pedido respectivo.
> 3. Quando as referidas autoridades aeronáuticas das Partes Contratantes concordarem em modificar o Anexo ao presente Acordo, tais modificações entrarão em vigor depois de confirmadas por troca de notas, por via diplomática.

Neste caso, a celebração do acordo executivo entre as autoridades aeronáuticas foi previamente autorizada pelo Congresso Nacional ao promulgar o acordo, motivo pelo qual a doutrina defende que encontra amparo no texto constitucional brasileiro.

Reforça esse entendimento a disposição contida no artigo 2º do Decreto Legislativo nº 23, de 09 de junho de 1981, que aprova o Acordo Básico de Cooperação Brasil-Líbia, segundo o qual "todas as emendas ou alterações introduzidas no texto referido no artigo anterior só se tornarão eficazes e obrigatórias para o País após a respectiva aprovação pelo Congresso Nacional".

Sem qualquer relação com as três hipóteses elencadas por Hildebrando Accioly, é possível citar, como exemplo recente de acordo executivo celebrado, o acordo, por troca de notas, sobre a isenção bilateral de vistos de curta duração a portadores de passaportes comuns entre o governo da República Federativa do Brasil e o governo da República da Indonésia[35], celebrado em Jacarta, em 11 de maio de 2018.

---

[35] MINISTÉRIO DAS RELAÇÕES EXTERIORES. **Acordo, por troca de notas, sobre a isenção bilateral de vistos de curta duração a portadores de passaportes comuns entre o governo da República Federativa do Brasil e o governo da República da Indonésia.** Jacarta, 11

É possível dizer que, tendo em vista o assunto abordado, imigração e visto, não obstante o compromisso assumido, não há assunção de ônus financeiro, o que torna possível tratar do tema por esta via. Vale ressaltar que, em seu bojo, consta expressamente a possibilidade de emenda ou denúncia por intermédio de simples notificação à parte contrária, o que, segundo o entendimento de Francisco Rezek, deve ser uma característica desse tipo de ato.

Entretanto, também tratando do tema imigração e visto, mais ainda, também disciplinando isenção bilateral de visto, o Brasil celebrou, observadas as formalidades da Constituição, o Acordo entre o governo da República Federativa do Brasil e o governo dos Emirados Árabes Unidos sobre mútua isenção de vistos para portadores de passaporte comum[36], cujo texto foi aprovado pelo Decreto nº 9.399, de 04 de junho de 2018.

Através desses exemplos recentes, verifica-se que o governo brasileiro adota, indistintamente, um ou outro modelo, sem que seja possível verificar as razões para tanto. Nos dois exemplos citados, o objeto da norma internacional é a isenção, de modo recíproco, de visto para portadores de passaporte comum.

Em consulta ao *site* do Ministério das Relações Exteriores na *internet* é possível verificar que, apenas no primeiro semestre de 2018, foram celebrados (e estão em vigor) três mil, novecentos e onze atos internacionais com publicação direta (assim considerados os aqui denominados acordos executivos) e um mil, cento e trinta e três atos internacionais com publicação indireta (acordos internacionais que observam as formalidades previstas na Constituição – aprovação por Decreto Legislativo e promulgação por Decreto Presidencial).

---

mai. 2018. Disponível em: <https://concordia.itamaraty.gov.br/detalhamento/12152>. Acesso em: 03 jul. 2018.

[36] BRASIL. Decreto nº 9.399, de 04 de junho de 2018. Promulga o Acordo entre o Governo da República Federativa do Brasil e o Governo dos Emirados Árabes Unidos sobre Mútua Isenção de Vistos para Portadores de Passaporte Comum, firmado em Brasília, em 16 de março de 2017. **Presidência da República**, Brasília, DF, 05 jun. 2018. Disponível em: <http://www.planalto.gov.br/ccivil_03/_ato2015-2018/2018/decreto/D9399.htm>. Acesso em: 03 jul. 2018.

2.4. Governança Transnacional

A globalização trouxe consigo questões que não podem ser resolvidas pela legislação interna dos países. E atingiu patamares que nem mesmo os países mais desenvolvidos conseguem regular as atividades que se estendem além de suas fronteiras, o que levou à busca de alternativas regulatórias "acima" dos Estados (regulação internacional) e "abaixo" deles, através de organizações não governamentais e iniciativas de autorregulação[37].

Vale dizer que no mundo globalizado, produção, economia e sistema financeiro estão fortemente relacionados. O que acontece na produção de um país pode refletir diretamente em outros, da mesma forma que no campo da economia e finanças, o que se verifica facilmente com a crise econômica mundial vivida em 2008.

Muitas normas foram desenvolvidas sob a forma de autorregulação. Regras públicas e privadas, ora elaboradas por diversos atores interessados em um determinado setor, ora por apenas alguns deles, se não apenas um. Vale dizer que todas essas regras normalmente são criadas como resultado de adversidades vivenciadas ou como resposta à comoção pública causada por alguns eventos de grande repercussão. Assim é possível dizer que a autorregulação, assim como a legislação em geral, é mais corretiva que preventiva.

Nesse contexto surge o fenômeno que há muitos anos a doutrina denomina como legislação transnacional[38], ou governança transnacional, algo que simplesmente acontece[39] em virtude das novas relações estabelecidas. Estados, sociedade e mercado, unidos, em diferentes tipos de

---

[37] ABBOTT, Kenneth W.; SNIDALL, Duncan. The Governance Triangle: Regulatory Standards Institutions and the Shadow of the State. In: MATTLI, Walter; WOODS, Ngaire (Ed.). **The Politics of Global Regulation**. Princeton: Princeton Press, 2009. p. 44. (tradução livre).

[38] Philip Jessup definiu legislação transnacional pela primeira vez em 1955. Segundo Peer Zumbansen, referido professor afirmou que o termo legislação transnacional poderia ser utilizado para todas as normas que regulam ações e eventos que transcendem as fronteiras nacionais, abrangendo normas públicas, privadas e outras formas de regulamentação que não são públicas e tampouco privadas. Em: ZUMBANSEN, Peer. Transnational Law. **CLPE Research Paper**, Toronto, v. 4, n. 2, p.738-754, 12 mar. 2008. Disponível em: <https://papers.ssrn.com/sol3/papers.cfm?abstract_id=1105576>. Acesso em: 07 fev. 2019.

[39] AVANT, Deborah D.; FINNEMORE, Martha; SELL, Susan K. (Ed.). Who Governs the Globe? In: AVANT, Deborah D.; FINNEMORE, Martha; SELL, Susan K. (Ed.). **Who Governs the Globe?** Cambridge: Cambridge University Press, 2010. p. 1 (tradução livre)

organização, com o objetivo principal de cooperação em busca de um determinado bem comum.

Apenas para fins de estudo, vale mencionar que em 2005, o *Institute for International Law and Justice of the New York University School of Law* denominou essas mesmas normas esparsas, com característica de governança global, *Global Administrative Law* (GAL), e começou a estudar esse fenômeno. Como afirma Benedict Kingsbury:

> The term GAL is applied to shared sets of norms and norm-guided practices that are in some cases regarded as obligatory, and in many cases are given some weight, even where they are not obviously part of national (state) law or standard inter-state law.[40]

Então, o que o denominado Direito Administrativo Global estuda não é um conjunto de normas organizadas sistematicamente. Ao contrário, é uma grande rede de regras criadas por diferentes atores (governos, empresas, organizações internacionais etc.), em diferentes momentos, que apenas coexistem (e, muitas vezes, sobrepõem-se umas às outras).

Como se vê, ao tema ora em análise, parte da doutrina denomina Direito Administrativo Global enquanto parte denomina Governança Transnacional. Ambas escolas, ao final, têm por objetivo estudar o fenômeno da autorregulação e legislações esparsas surgidas em nome de uma tentativa de melhor regulação das atividades que transcendem os limites geográficos dos países. Neste trabalho, trataremos o tema como governança transnacional.

Não existe um conceito de governança transnacional, apenas debates acerca do seu conteúdo. O que se entende em governança transnacional é que espaço territorial, autonomia e soberania não são conceitos absolutos; que as fronteiras já não são mais tão bem delimitadas; que existe

---

[40] KINGSBURY, Benedict. The Concept of 'Law' in Global Administrative Law. **European Journal Of International Law**, Oxford, v. 20, n. 1, p.26, 1 fev. 2009. Disponível em: <https://academic.oup.com/ejil/article/20/1/23/444762>. Acesso em: 10 jun. 2018. O termo GAL é aplicado para conjuntos compartilhados de normas e práticas guiadas por normas que são, em alguns casos, consideradas obrigatórias e, em muitos casos, recebem algum peso, mesmo quando não são parte da lei nacional ou do padrão de normas internacionais. (tradução livre).

interdependência entre os Estados, vez que os demais participantes das relações cruzam livremente as fronteiras em busca de seus próprios interesses[41].

Abbott and Snidal[42] estudaram o que denominaram "O Triângulo da Governança", uma demonstração do que é o espaço regulatório dentro da governança transnacional, e o dividiram em sete diferentes grupos, que podem ser formados de três maneiras.

Primeiramente, os grupos compostos por apenas um tipo de ator. Nesta primeira divisão, existem três grupos – o grupo dos Estados, atuando sozinhos (legislação interna), ou a partir da união de um grupo de Estados através de uma organização intergovernamental (regras da OCDE, por exemplo), o grupo das empresas (através de seus regulamentos internos e códigos de conduta) e, por fim, o grupo das Organizações Não Governamentais (regras gerais em melhores práticas, dirigidas a determinados setores ou gerais).

A segunda espécie de grupos no espaço regulatório é através da união de dois tipos de atores para a elaboração de normas, em conjunto. Também existem três tipos de grupos, formados a partir da colaboração entre Estados e empresas, Estados e Organizações Não-Governamentais, bem como empresas e Organizações Não Governamentais.

O terceiro grande grupo no espaço regulatório é formado a partir da união dos três tipos de atores – Estados, empresas e Organizações Não Governamentais – atuando todos em um grande esquema colaborativo, conforme se verifica no quadro abaixo:

---

[41] DJELIC, Marie-laure; SAHLIN-ANDERSSON, Kerstin (Ed.). Introduction: A world of governance: The rise of transnational regulation. In: DJELIC, Marie-laure; SAHLIN-ANDERSSON, Kerstin (Ed.). **Transnational Governance – Institutional Dynamics of Regulation**. New York: Cambridge University Press, 2008, p. 4. (tradução livre).
[42] ABBOTT, Kenneth W.; SNIDALL, Duncan. op. cit., p. 44-88. (tradução livre).

FIGURA 1 – O Triângulo da Governança

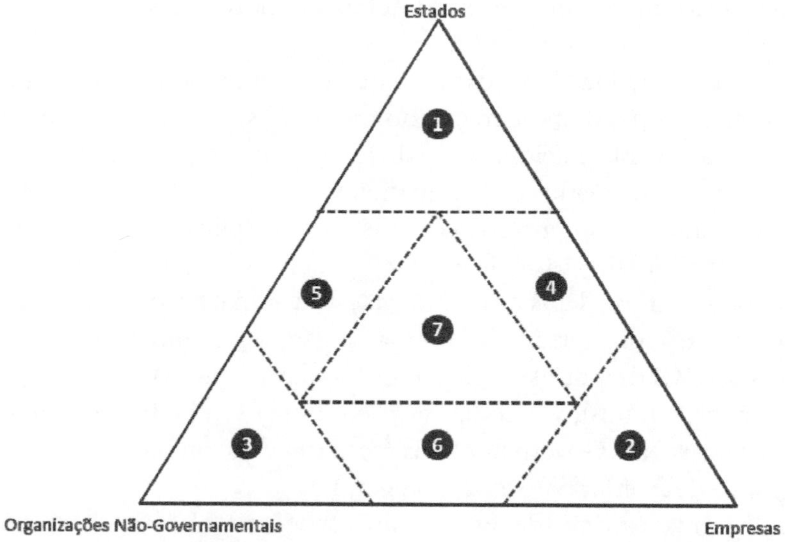

Estados

Organizações Não-Governamentais — Empresas

Fonte: ABBOTT; SNIDAL. 2010. Pg. 50

Os vértices do triângulo representam os grupos em que apenas um tipo de ator elabora as regras. Assim segundo os autores, o grupo número 1 é o grupo dos Estados e Organizações intergovernamentais, onde são citadas leis criadas nesse âmbito, como o *UK Eco-Management and Audit Scheme*, de 1992, ou a *OECD Guidelines for Multinational Enterprises*, de 1976.

O grupo número 2 é composto por empresas e indústrias, em esquemas de autorregulação, sozinhas ou em grupos. Nesse grupo, os autores citam o *Individual labor rights scheme of Gap. Inc.*, de 1992 e o *Worldwide Business Council for Sustainable Development*, também de 1992.

O último vértice, de número 3, é composto por normas expedidas e administradas por Organizações Não-Governamentais e suas coalizões, sendo citadas como exemplo a *Amnesty International Human Rights Guidelines for Companies*, de 1997, e o *Global Sullivan Principles on economic and social justice*[43], de 1999.

---

[43] Norma desenvolvida pelo religioso Afro-Americano Rev. Sullivan em conjunto com o Secretário Geral das Nações Unidas, Kofi Annan, para promover a participação das empresas no avanço dos direitos humanos e da justiça internacional em nível internacional.

PRESSUPOSTOS

Os quadriláteros localizados entre os vértices (números 4 a 6) são os esquemas colaborativos entre os dois atores de suas extremidades, enquanto o triângulo central (número 7) representa um esquema colaborativo em que os três tipos de atores exercem papel fundamental.

No espaço regulatório denominado "O Triângulo da Governança" há um jogo de barganha entre Estados, empresas e Organizações Não Governamentais, todos em busca do controle do espaço regulatório e seus resultados, jogo este que permite o surgimento de esquemas colaborativos implícitos ou explícitos. Nesse contexto, o poder de barganha implícito está diretamente relacionado à habilidade unilateral de agir e provocar a competição entre os participantes (o que pode levar a altos padrões regulatórios – ou não –, e produzir uma pequena convergência de interesses), enquanto o poder de barganha explícito deriva da vontade dos atores aumentar suas receitas através de esquemas colaborativos (o que pode promover grande colaboração entre as partes – ou falhar).

Quando os doutrinadores analisam o jogo de barganha, fica claro que os atores têm poderes diferentes conforme seus interesses e objetivos.

No grupo das empresas, as maiores (ou mais visíveis), podem promulgar baixos padrões regulatórios (ou em níveis fáceis de alcançar) capazes de responder ao público e outros atores, mas são mais vulneráveis à opinião pública, enquanto pequenas empresas (menos visíveis) podem ignorar as questões regulatórias e continuar agindo de forma divergente.

Organizações Não Governamentais têm algum poder de promulgar padrões, mas, para que sejam efetivos, precisam da cooperação das empresas e Estados, além de enfrentarem o problema de não conseguirem ser muito enfáticas na defesa de seus ideais (o que acaba afastando as empresas dos padrões regulatórios estabelecidos por esta via).

Ainda de acordo com os autores, os Estados, não obstante detentores de um poder limitado de barganha (uma vez que a legislação doméstica é fraca para solucionar problemas transnacionais), assim como as Organizações Intergovernamentais, ambos podem desempenhar o papel de aumentar a competência e o poder de barganha de outros atores, e, assim, alterar (da forma que desejam) o rumo da regulação.

Ao estudar o espaço regulatório, Deborah D. Avant, Martha Finnemore and Susan K. Sell[44] analisam as origens dos poderes desses atores.

---

[44] AVANT, Deborah D.; FINNEMORE, Martha; SELL, Susan K. op. cit., p. 1-31.

Nesse estudo, elas identificam a existência de cinco fundamentos para o poder (autoridade): institucional, por delegação, experiência, princípios e por capacidade.

O fundamento institucional deriva do fato de manter um escritório ou estrutura organizacional estabelecida, como um diretor do Fundo Monetário Internacional (FMI) ou o Presidente de uma empresa, cuja autoridade é limitada às regras e propósitos das respectivas instituições.

O poder por delegação é a autoridade concedida por outro ator. Neste caso, geralmente são empresas, Organizações Internacionais e Organizações Não Governamentais a quem Estados ou suas agências delegam autoridade para determinados temas ou situações. A atuação destes também deveria ser limitada, neste caso, aos interesses do delegante, o que, segundo as doutrinadoras, nem sempre acontece, e pode gerar inúmeros problemas nas relações entre os Estados.

A autoridade fundamentada na experiência requer conhecimentos especializados do próprio ator, como um físico vencedor de prêmio Nobel, por exemplo, independentemente de onde trabalhe. Esta autoridade é limitada ao conteúdo de seu conhecimento, ou seja, a opinião de um físico não será muito respeitada se tentar editar normas sobre a indústria de moda, por exemplo.

A autoridade baseada em princípios tem por fundamento trabalhar com um conjunto de princípios, morais e valores amplamente aceitos. Esta autoridade pode ser exercida por pessoas, países, empresas e, muitas vezes, de forma mais eficiente, por Organizações Não Governamentais, que conseguem fazer apelos morais em razão de seu caráter altruísta.

Por fim, o poder baseado na capacidade envolve o reconhecimento baseado em uma competência percebida. Esta autoridade se justifica pela suposta capacidade que a autoridade tem de realizar determinadas tarefas ou solucionar problemas.

Mas, durante seu estudo, as autoras usam a expressão "estados poderosos" em um contexto diferente das cinco origens acima caracterizadas. Por exemplo, quando explicam o poder institucional, elas dizem "(...) quando estados poderosos pressionam o FMI a dobrar regras e conceder empréstimos a estados geopoliticamente sensíveis, mas que não são dignos de crédito, as pessoas vão questionar a autoridade e a legitimidade do FMI"⁴⁵. Está claro nesta frase que o poder exercido pelos denominados "estados poderosos" não é baseado em uma dessas cinco origens.

Assim, é possível dizer que existe um tipo de poder que capaz de sobrepor a uma autoridade legítima e ser exercido visando objetivos diferentes daqueles perseguidos pela comunidade internacional.

Quando D. Avant, Martha Finnemore and Susan K. Sell usam a expressão "estados poderosos" para se referirem a Estados capazes de "empurrar" uma Instituição (que tem poder institucional) a fazer algo, parecem referir-se exatamente a esse outro tipo de poder, capaz de se impor sobre os demais, mesmo considerando-se que o poder de barganha do Estado é limitado (conforme afirmam Abbott e Snidal). Percebem, assim, algum tipo de poder que se sobrepõe a um poder legítimo, forte o suficiente para controlá-lo e colocar sua capacidade de regular (e alcançar resultados) em questão, bem como fazer com que outros atores concordem em se subordinar a ele.

No contexto em que apresentada pelas autoras, a expressão "estados poderosos" parece referir-se aos Estados cujo poder não advém da perícia, princípios ou capacidade do ator. É uma espécie de poder de influência, que surge do poder econômico, poder este que pode ser exercido de diversas formas.

O poder com fundamento econômico provém da importância econômica que um ator tem em relação aos demais. Esse tipo de poder pode acontecer em todos os tipos de atores do Triângulo da Governança, e pode ser exercido entre qualquer um deles.

Quando se analisa o sistema financeiro é possível verificar a existência de uma ordem jurídica financeira transnacional que emergiu em resposta a muitas crises financeiras, normas estas que se "desenvolveram através de padrões muito mais flexíveis de 'melhores práticas', memorandos de entendimento e princípios e quadros gerais que são não são juridicamente vinculativas e muitas vezes não são ratificadas por legislaturas"⁴⁶, como os acordos executivos já analisados. Mas essas

---

⁴⁵ Idem, p. 11. [...] when powerful states push the IMF to bend rules and make loans to geopolitically sensitive but otherwise not creditworthy states, people will question the authority and legitimacy of the IMF. (tradução livre).

⁴⁶ HELLEINER, Eric. Regulating the Regulators: The Emergence and Limits of the Transnational Financial Legal Order. In: HALLIDAY, Terence; SHAFFER, Gregory (Ed.).

regras não são suficientes para regulamentar todas as questões no domínio financeiro, o que torna necessárias outras regras capazes de serem impostas (e executadas, se necessário) aos Estados.

Nesse campo, vale transcrever a afirmação de Niels Johannesen e Gabriel Zucman:

> First, the fight against offshore tax evasion is a key policy issue. Globalization and the information technology revolution have made it easier for tax evaders to move funds offshore. Absent information exchange between countries, personal capital income taxes cannot be properly enforced, giving rise to substantial revenue losses and constraining the design of tax systems.[47]

A mesma análise, sobre quem detém o poder de regulamentar e impor sua observância em matéria de sistema financeiro e os interesses econômicos dos Estados, pode ser feita neste tema. Por exemplo, "a dependência estrutural dos bancos internacionais em relação ao acesso ao sistema financeiro baseado em dólares, controlado pelos EUA"[48] dá a este país grande poder sobre esses atores, que acaba por legitimá-lo a estabelecer regras de modo unilateral.

Questionar se os Estados Unidos detêm uma autoridade legitimada sobre todos os bancos internacionais pode receber uma resposta nega-

---

Transnational Legal Orders. New York: Cambridge University Press, 2014. (Cambridge studies in law and society). p. 234. (...)has developed through much looser standards of "best practice," memoranda of understandings, and general principles and frameworks which are not legally binding und are often not ratified by legislatures. (tradução livre)

[47] JOHANNESEN, Niels; ZUCMAN, Gabriel. The End of Bank Secrecy? An Evaluation of the G20 Tax Haven Crackdown. **American Economic Journal**: Economic Policy, [s.l.], v. 6, n. 1, fev. 2014. Disponível em: <http://eprints.lse.ac.uk/56125/>. Acesso em: 25 out. 2016. p. 2. Primeiro, a luta contra a evasão fiscal *offshore* é uma questão política fundamental. A globalização e a revolução da tecnologia da informação tornaram mais fácil para os evasores de impostos movimentar recursos no exterior. A ausência de troca de informações entre países, impostos sobre os ganhos de capital não podem ser adequadamente aplicados, gerando perdas substanciais de receita e obrigando à criação de sistemas tributários. (tradução livre).

[48] EMMENEGGER, Patrick. Swiss banking secrecy and the problem of international cooperation in tax matters: A nut too hard to crack?. **Regulation & Governance**, [s.l.], v. 11, n. 1, p. 7. [...] the structural dependence of international banks on access to the US-controlled, dollar-based financial system [...]. (tradução livre)

tiva, mas como o mercado norte-americano é importante para os bancos, eles aceitam estar subordinados às suas exigências e diretrizes.

Há outro exemplo de dependência econômica, de um país em relação a algumas de suas empresas. É o caso da Suíça em relação ao banco UBS, no momento do escândalo envolvendo este banco e os contribuintes norte-americanos, que será melhor analisado no capítulo quatro deste trabalho. Se a mesma pergunta for feita aqui acerca da legitimidade dos Estados Unidos de impor exigências, a resposta provavelmente será negativa, mas como os ativos do banco UBS correspondiam, à época, a cerca de três vezes seu produto interno bruto[49], a Suíça dependia da sobrevivência desse banco, o que levou à necessidade de promover mudanças en sua legislação interna para que fosse possível atender à exigência norte-americana e manter as operações do banco.

Por outro lado, a OCDE possui legitimidade por delegação, conferida pelos Estados para tratar de assuntos que promovam o desenvolvimento econômico e o bem-estar das pessoas em nível mundial[50], cujas decisões, conforme já mencionado, são obrigatórias para seus Estados-membros.

2.5. Princípio da Supremacia do Interesse Público Sobre o Interesse Privado

É importante analisar este princípio, aplicável tanto ao Direito Administrativo quanto ao Direito Tributário, ramos do direito público, na medida em que este também disciplina a atuação do Estado, na figura do Fisco, em sua relação com os particulares, na qualidade de contribuintes.

A doutrina administrativista clássica ensinou, durante muitos anos, que o princípio da supremacia do interesse público sobre o interesse privado seria inerente e essencial à vida em sociedade, "um pressuposto lógico do convívio social"[51], através do qual a Administração Pública poderia impor restrições ao particular ou tomar decisões contrárias ao interesse individual, em nome de atender ao interesse da coletividade.

---

[49] Ibidem, p. 7.
[50] OECD. **About the OECD.** Disponível em: <http://www.oecd.org/about/>. Acesso em: 16 ago. 2018.
[51] MELLO, Celso Antônio Bandeira de. **Curso de direito administrativo.** 32. ed. rev. e atual. São Paulo: Malheiros, 2015. p. 99.

Para os autores que adotam este posicionamento, este princípio surgiu juntamente com Estado Social de Direito[52], ou do bem-estar social que, como o próprio nome indica, tem como uma de suas funções atender ao interesse público. E, no conflito entre o interesse público e interesse privado, aquele deveria prevalecer, uma vez que o indivíduo é parte integrante de uma sociedade. A doutrina aponta como exemplo da aplicação deste princípio o instituto da desapropriação, previsto no artigo 5º, inciso XXIV da Constituição Federal[53].

No entanto, há alguns anos, parte da doutrina tem criticado fortemente a existência desse princípio, sob o argumento de que o mesmo não está contido (explícita ou implicitamente) na Constituição Federal, bem como pelo fato de que o interesse público não é um conceito determinável, sobretudo ante a proteção constitucional deferida aos direitos fundamentais (individuais) e a outros interesses, motivo pelo qual essa corrente doutrinária sugere que, em vez de se afirmar uma "supremacia" do interesse público sobre o interesse particular, seja adotada a ponderação entre esses interesses, a razoabilidade.

Para essa corrente, a ponderação entre o interesse público e os interesses privados deve ser o critério a orientar a atuação administrativa restritiva destes, a fim de proporcionar a máxima realização dos direitos envolvidos, sem qualquer supremacia[54], até mesmo porque a Constituição, ao mesmo tempo em que assegura os direitos individuais, disciplina a possibilidade de restrição destes para atender aos interesses coletivos[55].

Em resposta à crítica acerca do alcance do interesse público, vale trazer o ensinamento de Maria Sylvia Zanella di Pietro:

---

[52] PIETRO, Maria Sylvia Zanella di. O princípio da supremacia do interesse público: sobrevivência diante dos ideais do neoliberalismo. **Revista Trimestral de Direito Público**, São Paulo, n. 48/2004, p.74.

[53] CARVALHO FILHO, José dos Santos. **Manual de direito administrativo.** 27. ed. rev., ampl. e atual. São Paulo: Atlas, 2014. p. 34.

[54] ÁVILA, Humberto Bergmann. Repensando o "princípio da supremacia do interesse público sobre o particular". **Revista Trimestral de Direito Público**, São Paulo, n. 24/1998, p. 178.

[55] SARMENTO, Daniel. Supremacia do interesse público? As colisões entre direitos fundamentais e interesses da coletividade. In: ARAGÃO, Alexandre Santos de; MARQUES NETO, Floriano de Azevedo (Org.). **Direito administrativo e seus novos paradigmas.** Belo Horizonte: Fórum, 2008. p. 140.

O princípio do interesse público nasceu com o Estado Social de Direito. E não nasceu como um interesse público único. Ele nasceu para proteger os vários interesses das várias camadas sociais. Ele não afetou os direitos individuais. Pelo contrário, paralelamente a esse princípio nasceram os direitos sociais e econômicos.
Por isso mesmo, o direito administrativo caracteriza-se pelo binômio autoridade/liberdade. A Administração Pública tem que ter prerrogativas que lhe garantam a autoridade necessária para a consecução do interesse público. Ao mesmo tempo, o cidadão tem que ter garantias de observância de seus direitos fundamentais contra os abusos do Poder.[56]

Ainda sobre o que seria interesse público, vale destaca a assertiva de Irene Patrícia Nohara:

> [...] não pode ser considerado interesse público o simples interesse da maioria da população, pois se assim fosse, não haveria como defender que são de interesse público políticas direcionadas à inclusão social de minorias, isto é, políticas de ação afirmativa.
> [...]
> Note-se que, quanto mais precárias forem as condições de vida de um povo, mais vulnerável ele se torna a manipulações e distorções de valores. É necessário indagar sempre de quem são os interesses, para que não se esqueça que por trás do rótulo "interesse comum", relacionado com a noção genérica de ser humano, existem sujeitos concretos com suas particularidades e interesses.[57]

Referida autora reconhece a necessidade de se revisar o conceito e abrangência do princípio em análise, mas ressalta que "a existência do Estado se justifica pelo fato de que ele atua na consecução de interesses públicos primários ou do bem-estar comum, sob pena de, na prática, o Estado, que possui o poder de impor com coercitividade as condutas sociais, servir meramente de palco de realização de interesses particulares".

Assim, o princípio da supremacia do interesse público sobre o interesse privado não configura qualquer violação aos direitos fundamentais do particular, ao contrário, tem por finalidade assegurar que a Adminis-

---

[56] PIETRO, Maria Sylvia Zanella di. *Op. cit.*, p.74.
[57] NOHARA, Irene Patrícia. **Direito administrativo**. 8. ed. São Paulo: Atlas, 2018. p. 63-66.

tração Pública atuará de forma a atender aos interesses individuais da coletividade, inseridos como objetivos do Estado no artigo 3º da Constituição Federal[58].

Ao estudar de maneira filosófica sobre o tema, o Ministro Ives Gandra da Silva Martins Filho[59] apresentou brilhante análise sobre o conceito de bem comum e interesse público, a relação entre estes conceitos e a primazia do bem comum sobre o bem particular.

A partir da análise das noções de finalidade, bondade, participação, comunidade e ordem, Ives Gandra definiu o bem comum como sendo "o próprio *bem particular* de cada indivíduo, enquanto este é parte de um todo ou de uma comunidade. [...] O indivíduo deseja o bem da comunidade, na medida em que ele representa o seu próprio bem. Assim, o bem dos demais não é alheio ao bem próprio"[60].

Por seu turno, conceitua como interesse público "a *relação entre a sociedade e o bem comum* que ela almeja, perseguido por aqueles que, na comunidade, estão investidos de *autoridade*"[61]. Segundo o autor, cabe ao administrador público promover o bem comum, sendo que um possível conflito deste com o interesse privado deve ser solucionado pelo "princípio da preferência"[62] do bem comum, que tem como limite a proporcionalidade, no seu viés qualitativo (o bem a ser tutelado deve ser da mesma ordem do bem sacrificado) e quantitativo (quantidade de indivíduos sacrificados em relação à quantidade de beneficiados).

Sendo assim, tendo em vista que a Constituição brasileira instituiu, como fundamentos da República Federativa do Brasil, em seu artigo primeiro, a cidadania, a dignidade da pessoa humana, bem como os valores sociais do trabalho e da livre iniciativa.

Acrescente-se a isso os objetivos da República Federativa do Brasil, trazidos no artigo terceiro da Constituição: construir uma sociedade

---

[58] FERREIRA, Gustavo Assed. A legitimidade do estado e a supremacia do interesse público sobre o interesse particular. In: MARRARA, Thiago (Org.). **Princípios de Direito Administrativo:** Legalidade, segurança jurídica, impessoalidade, publicidade, motivação, eficiência, moralidade, razoabilidade, interesse público. São Paulo: Atlas, 2012. Cap. 22. p. 450-451.

[59] MARTINS FILHO, Ives Gandra da Silva. **O princípio ético do bem comum e a concepção jurídica do interesse público.** 2000. Disponível em: <https://juslaboris.tst.jus.br/handle/20.500.12178/84843>. Acesso em: 06 fev. 2019.

[60] *Ibidem*, p. 34-35.

[61] *Ibidem*, p. 36.

[62] *Ibidem*, p. 40.

livre, justa e solidária; garantir o desenvolvimento nacional; erradicar a pobreza, a marginalização e reduzir as desigualdades; promover o bem de todos.

Evidente, portanto, o reconhecimento constitucional da prevalência do bem comum, de modo que o Estado brasileiro deve nortear suas ações com vistas a atingir tais objetivos e assegurar a manutenção de seus fundamentos. Para isso, o Estado precisa ter à sua disposição ferramentas e poderes capazes de assegurar esses valores, dentre os quais é possível situar o princípio da supremacia do interesse público sobre o interesse privado.

Reconhecer a existência desse princípio não significa deixar de reconhecer a proteção constitucional concedida aos interesses particulares. Também não significa conceder à Administração Pública poderes irrestritos para agir em nome de interesses que, embora denominados públicos, não representem, efetivamente, o bem comum, no caso, da população brasileira. Significa, sim, que se reconhece ao Estado poderes necessários para que possa agir em busca do bem comum, na qualidade de objetivo constitucionalmente estabelecido.

3. Do Sigilo à Transparência – Evolução do Tema no Direito Comparado

O sigilo bancário é um instituto muito antigo que consiste, essencialmente, no dever que as instituições financeiras têm de conservar o sigilo em suas operações e serviços prestados. Esse é o conceito que se extrai do revogado *caput* do artigo 38 da Lei nº Lei nº 4.595, de 31 de dezembro de 1964 (lei da reforma bancária).

Sobre o fundamento do sigilo bancário, Nelson Abrão afirma:

> É instintivo à natureza humana o desejo de manter certa discrição no que concerne à posse e disponibilidade dos bens materiais. Quando não for para evitar o aguçamento das pretensões do Fisco, será, pelo menos, para não provocar sentimentos nocivos nos inferiormente dotados de bens. [63]

Segundo o autor, o primeiro registro normativo de sigilo foi no Código de Hamurabi, escrito no século XVIII a.C., que "mencionava a possibilidade que tinha o banqueiro de desvendar seus arquivos em caso de conflito com o cliente. *A contrario sensu*, interpreta-se que, em qualquer outra situação, o banco estava adstrito à obrigação do segredo"[64].

Note-se que à época não existiam bancos ou outras espécies de instituições financeiras nos moldes como conhecemos hoje. Toda a regulação era fundamentalmente dirigida às relações comerciais.

---

[63] ABRÃO, Nelson. **Direito Bancário**. 8. ed. São Paulo: Saraiva, 2002. 473 p. Revista, atualizada e ampliada por Carlos Henrique Abrão. p. 57.
[64] Idem, p. 56,

A primeira instituição financeira da Itália, *La Casa delle compere e dei banchi di San Giorgio*, criada no ano de 1407 em Gênova foi, talvez a primeira do gênero na Europa. Criada a partir da união de um grupo de credores do então principado de Gênova, que concedeu uma parcela de sua receita fiscal em garantia dos empréstimos recebidos[65], a partir de 1408 passou a exercer funções de banco de depósito, giro e crédito. Ao longo de sua existência, combinou alguma prerrogativa do Estado (dívida pública, tributação) com o exercício de uma atividade financeira, sendo, inclusive, considerado o início do conceito de banco central[66]. Todos os estudos apontam para sua organização e sistema de contabilidade, mas não mencionam qualquer regulamentação de sigilo em suas operações.

Segundo Werner de Capitani[67], o direito à privacidade é um conceito básico em todas as democracias, que foi disciplinado pela primeira vez em 1593, nas regras do Banco Ambrosiano Milano (segundo o qual "o banqueiro que violar seu dever de sigilo deve perder sua licença"), seguido pelo Hamburguer Bank, em 1619, bem como por diversos outros bancos alemães, até se tornar uma cláusula comum, presente nos estatutos dos bancos alemães no século XIX.

Verifica-se, portanto, que as primeiras regras que deram origem ao sigilo bancário foram estabelecidas pelos bancos, e não por instrumentos normativos promulgados pelos Estados.

Ao longo dos anos, muitos países passaram a adotar em sua legislação a proteção ao sigilo bancário, dando a ele menor ou maior importância, conferindo a este instituto tutela no âmbito cível, isoladamente, ou em conjunto com uma tutela criminal.

---

[65] SOUZA, Luiz Eduardo Simões de; MACHADO, Beatriz Lima. A Casa di San Giorgio: notas sobre as instituições e finanças da fase genovesa do ciclo sistêmico mercantil, a partir do Statuto de 1568. **Anais do XII Congresso Brasileiro de História Econômica e 13ª Conferência Internacional de História de Empresas**. Niterói: UFF/ABPHE, 2017. Disponível em: <http://www.abphe.org.br/uploads/ABPHE 2017/1 A Casa di San Giorgio notas sobre as instituições e finanças da fase genovesa do ciclo sistêmico mercantil, a partir do Statuto de 1568.pdf>. Acesso em: 19 jun. 2018. p. 8.

[66] ARCHIVIO DI STATO DI GENOVA. **La Casa dele Compere e dei Banchi di San Giorgio**. Genova. Disponível em: <http://www.lacasadisangiorgio.it/main.php?do=home>. Acesso em: 21 jun. 2018.

[67] CAPITANI, Werner de. Banking Secrecy Today. **University of Pennsylvania Journal of International Law**, [s. L.], v. 10, p.57-70, winter 1998. (tradução livre).

Segundo Nelson Abrão, não há proteção ao sigilo bancário nos Estados Unidos. Afirma o autor que, havendo conflito entre a apuração da verdade e o respeito à privacidade, aquele prevalece.[68]

Tanto que os Estados Unidos apenas concederam alguma forma de proteção ao sigilo das informações financeiras no âmbito civil, pela primeira vez, em 1999, no *U.S. Code*, artigo 15, capítulo 94, denominado "privacidade", que obriga as instituições financeiras "a explicar suas práticas de compartilhamento de informações aos seus clientes e salvaguardar dados sensíveis"[69].

Como se vê, a proteção prevista nos Estados Unidos não se refere ao sigilo bancário definido acima, mas à privacidade das informações, para que estas não sejam vendidas ou fornecidas pelas instituições financeiras a terceiros não relacionados.

A Itália protegeu fortemente o sigilo na legislação bancária a partir de 1936 (durante o período da monarquia), no artigo 10 do *Regio decreto-legge* (RDL) nº 375[70], cuja previsão foi mantida mesmo após a proclamação da República Italiana em 1946. Nesse período, a proteção do sigilo bancário era quase absoluta, inclusive contra a administração pública.

O Decreto Presidencial Italiano nº 600, de 1973[71], que trata do Imposto de Renda, disciplinou no seu artigo 35 a derrogação do sigilo bancário, mas, segundo afirma Giuseppe Pasquale[72], isso acontecia em raros casos, em situações fiscais extremamente graves, mas ainda sujeito a

---

[68] ABRÃO, op. cit. p. 59.
[69] FEDERAL TRADE COMISSION. **Gramm-Leach-Bliley Act**. Washington. Disponível em: <https://www.ftc.gov/tips-advice/business-center/privacy-and-security/gramm-leach-bliley-act>. Acesso em 28 mai. 2018. (tradução livre).
[70] ITÁLIA. Regio decreto-legge nº 375, de 12 de março de 1936. Legge bancaria. **Gazzetta Ufficiale**. Roma, 16 mar. 1936. Disponível em: <http://augusto.agid.gov.it/gazzette#giorno=16&mese=03&anno=1936>. Acesso em: 26 maio 2018.
[71] ITÁLIA. Decreto del Presidente dela Republica n 600, de 29 de setembro de 1973. Disposizioni comuni in materia di accertamento delle imposte sui redditi. **Gazzetta Ufficiale**. Roma, 16 out. 1973. Disponível em: <http://def.finanze.it/DocTribFrontend/getAttoNormativoDetail.do?ACTION=getSommario&id={178F0CBC-1969-49F3-974E-7C0E87B9A568}>. Acesso em: 26 maio 2018.
[72] PASQUALE, Giuseppe. Le deroghe al segreto bancario alla luce delle modifiche apportate con la Finanziaria 2005. **Rivista Online della Scuola Superiore Dell'economia e Delle Finanze**, [s. L.], n. 6/7, p.1-16, Giugno-Luglio 2005. Disponível em: <http://www.rivista.ssef.it/www.rivista.ssef.it/site738e.html?page=20050705104911889&edition=2005-06-01>. Acesso em: 26 maio 2018.

duplo controle. Por situações graves compreendiam-se hipóteses em que a administração fiscal era capaz de demonstrar formas muito sérias de evasão fiscal, como, por exemplo, se o contribuinte houvesse conseguido evitar a tributação de receitas em volume três vezes superior ao declarado, ou, ainda, a verificação de falha em registros contábeis nos últimos três anos.

Essa proteção foi parcialmente revogada em 1982, durante o combate à máfia na Itália. Nesse período, também segundo referido autor, foi previsto maior acesso às informações financeiras pelas autoridades fiscais, além da permissão de autuação de contribuintes com base nas informações bancárias obtidas, sem necessidade de demonstrar indícios de fraude. Entretanto, ainda havia a necessidade de que o acesso às informações fosse autorizado por dois órgãos de controle, o que, em última análise, acabou mantendo o sigilo bancário.

Em 1991 a legislação italiana foi novamente alterada, tendo finalmente sido excluída a necessidade de autorização de acesso às informações bancárias pelos órgãos de controle, bem como a demonstração de indícios de fraude, o que permitiu maior acesso às autoridades fiscais a tais informações em avaliações rotineiras, sem a necessidade de demonstrar indícios de fraude. Mas, ainda segundo referido autor, essa ferramenta não foi muito utilizada. Em 1993, o *Testo unico delle leggi in materia bancaria e creditizia*[73] manteve o sigilo bancário inclusive contra a administração pública, exceto em relação ao Ministro da Economia e Finanças e no âmbito judicial, para fins de investigação criminal.

Em 2005, uma nova alteração ampliou ainda mais os poderes de investigação das autoridades fiscais, aumentou o número de exceções ao sigilo bancário e disciplinou a informatização do fornecimento das informações bancárias nesses casos. Trouxe, ainda, a possibilidade de obtenção de outras informações além das transações bancárias, como, por exemplo, acerca de serviços prestados pelos bancos a seus clientes e garantias dadas por terceiros.

---

[73] ITÁLIA. Decreto Legislativo nº 385, de 01 de setembro de 1993. Testo unico delle leggi in materia bancaria e creditizia. **Gazzetta Ufficiale**. Roma, 30 set. 1993. Disponível em: <http://www.gazzettaufficiale.it/eli/id/1993/09/30/093G0428/sg>. Acesso em: 26 maio 2018.

DO SIGILO À TRANSPARÊNCIA – EVOLUÇÃO DO TEMA NO DIREITO COMPARADO

Portanto, após um longo histórico, é possível afirmar que a Itália derrogou[74] o forte sigilo bancário que vigorou no país durante quase setenta anos.

Em Portugal, o sigilo bancário tem sua origem em 1847 no Regulamento Administrativo do Banco de Portugal, segundo ensina António Menezes Cordeiro[75], em que eram previstas duas penalidades para a hipótese de um empregado revelar o segredo das operações: advertência, quando não resultar dano, ou demissão, caso a revelação do segredo resulte em dano ao cliente.

Durante mais de cem anos vigorou essa orientação de sigilo e respectivas penalidades no regulamento do Banco, sem que tenha havido tutela penal para o tema.

A primeira lei que regulamentou o sigilo bancário em Portugal foi o Decreto-Lei nº 47.909, de 07 de setembro de 1967[76], que criou o Serviço de Centralização de Riscos de Crédito e assim estabeleceu o dever de sigilo bancário com relação às informações fornecidas pelas instituições de crédito e recebidas pelo Banco de Portugal, cuja infringência implica crime de violação de segredo profissional, prevista pelo artigo 290 do Código Penal de 1886. Permanecia, portanto, apenas a tutela civil do sigilo bancário.

Mais tarde, o Decreto-Lei nº 2, de 09 de janeiro de 1978, estabeleceu definitivamente o sigilo bancário no país, como forma de estabelecer confiança nos bancos para a reconstrução do país após a Revolução dos Cravos (1974/1975). Nessa norma, o sigilo bancário passou a ser protegido de forma mais incisiva, sendo previstas responsabilidades em âmbito civil, disciplinar e penal à sua violação. Vale dizer que, não obstante, nessa mesma lei já era prevista a possibilidade de "quebra" do sigilo bancário mediante autorização do cliente.

Por fim, a norma que atualmente disciplina o sigilo bancário em Portugal é o Decreto-Lei nº 298, de 31 de dezembro de 1992, denominado Regime Geral das Instituições de Crédito e Sociedades Financeiras

---

[74] PASQUALE, Giuseppe. Idem
[75] CORDEIRO, António Menezes. **Manual de Direito Bancário**. 3. ed. aumentada e totalmente revista Coimbra: Edições Almedina Sa, 2006. P. 258-259.
[76] PORTUGAL. Decreto-Lei nº 47909, de 07 de setembro de 1967. Cria o Serviço de Centralização de Riscos do Crédito e define o seu objectivo e funcionamento. **Diário do Governo** nº 209/1967, Série I, p. 1607 – 1609, 07 set. 1967.

(RGICSF), que revogou o Decreto-Lei nº 2/78 e estabeleceu, em seu artigo 78, o dever de segredo de informação das relações ente cliente e instituição a todos os empregados e membros de instituições financeiras e de crédito, inclusive após o encerramento de suas funções ou desligamento. Por sua vez, o artigo 79 trouxe diversas exceções a esse dever, dentre elas, a transmissão ao Banco de Portugal (equivalente ao Banco Central no Brasil), às autoridades judiciárias (no âmbito de processo penal), à administração tributária (no âmbito de suas atribuições) ou na existência de outras disposições legais que delimitem expressamente o dever de segredo. Já o artigo 80, disciplina especificamente o dever de sigilo relativamente a quem exerça ou tenha exercido funções no Banco de Portugal, ou tenha prestado serviços, ao passo que o artigo 84 traz a possibilidade de outras penalidades além da sanção penal para a violação desse dever.[77]

No âmbito penal, atualmente, o dever de segredo profissional, ao qual se aplica o dever do sigilo bancário, é disciplinado pelo artigo 195 do Código Penal português, que estabelece pena de prisão ou multa para sua violação.

Evidencia a proteção do sigilo bancário em Portugal decisão proferida em junho de 2017 pelo Tribunal de Évora, que reconhece a necessidade de proteção do sigilo bancário em um processo de inventário:

> O Banco de Portugal está sujeito ao dever de segredo regulado nos arts. 80º, 81º-A, nº 4, a contrario sensu, 84º, do RGICSF, aprovado pelo DL nº 298/92, de 31 de Dezembro, sendo que os factos e elementos cobertos por tal dever só podem ser revelados mediante autorização do interessado, transmitida ao Banco de Portugal, ou nos termos previstos na lei penal e de processo penal.
> [...]
> I – As Partes e o Litígio
> No âmbito do processo de inventário em que figura como inventariante [...], apresenta-se o Banco de Portugal a recorrer de dois despachos em que foi condenado no pagamento de multas.

---

[77] PORTUGAL. Decreto-Lei nº 298, de 31 de dezembro de 1992. Aprova o Regime Geral das Instituições de Crédito e Sociedades Financeiras. **Diário da República** nº 301/1992, 6º Suplemento, Série I-A, p. 6056-(24) a 6056-(51), 31 dez. 1992.

II – O Objeto dos Recursos
No decurso do processamento do inventário, o Tribunal recorrido oficiou o Banco de Portugal, ora Recorrente, para prestar informação quanto à titularidade de contas bancárias por parte do inventariado.

Deduzida escusa por parte do BP, o Tribunal informou-o que a pessoa titular das contas é o inventariado e que os interessados são seus herdeiros, pelo que «não funcionaria aqui o sigilo bancário.»

[...]

Concluindo:
– o Banco de Portugal está sujeito ao dever de segredo regulado nos arts. 80º, 81º-A nº 4, *a contrario sensu*, 84º do RGICSF, aprovado pelo DL nº 298/92, de 31 de dezembro, sendo que os factos e elementos cobertos por tal dever só podem ser revelados mediante autorização do interessado, transmitida ao Banco de Portugal, ou nos termos previstos na lei penal e de processo penal;
– essa autorização não se infere da conduta processual do titular do direito que não manifesta oposição à prestação da informação requisitada;
– a insistência dirigida pelo Tribunal ao recusante para que preste a informação requisitada, interposto que foi recurso da decisão que o condenou em multa pela falta da colaboração devida (submetendo à instância recursional o poder jurisdicional de aferir da (i)legitimidade da recusa), não pode constituir fundamento para aplicação de nova multa pela falta da colaboração devida.

IV – DECISÃO
Nestes termos, decide-se pela total procedência dos recursos, em consequência do que se revogam as decisões recorridas, determinando-se que o Tribunal de 1ª instância notifique os interessados para endereçarem ao Recorrente, ainda que por intermédio do Tribunal, autorização expressa para que este preste as informações em causa, aplicando-se o disposto no art. 135º nº 3 do CPP, *ex vi* art. 417º nº 4 do CPC, caso as autorizações não sejam obtidas.

[...]."[78]

---

[78] PORTUGAL. Tribunal da Relação de Évora. Processo 1325/10.2TBVNO-A.E1. Relatora Isabel Peixoto Imaginário. Évora, 08 jun. 2017. Disponível em: <http://www.dgsi.pt/jtre.nsf/134973db04f39bf2802579bf005f080b/985ba546111f45178025813e00524105?OpenDocument>. Acesso em 16 jul. 2018.

Portanto, conforme afirma António Menezes de Cordeiro, o sigilo bancário permanece protegido em Portugal, amparado pela proteção constitucional à intimidade e pelo RGICSF, porém não mais de forma ampla e irrestrita, mas com diversas exceções, sobretudo com relação à autoridade tributária, com vistas a coibir, dentre outros, a lavagem de dinheiro e a evasão fiscal.

Exatamente nesse sentido têm evoluído os debates e a legislação no cenário mundial.

Conforme será analisado a seguir, há muitos anos os países buscam meios que permitam a tributação dos recursos de seus cidadãos no exterior, a fim de evitar a evasão fiscal.

Nos capítulos seguintes, será analisada, de forma aprofundada, a evolução do tema na Suíça e no Brasil. A escolha da Suíça está além do fato de esta autora haver experimentado por um semestre a vida acadêmica nesse tão interessante país, mas porque, em tema de riquezas *offshore* e sigilo bancário, a Suíça desempenha papel fundamental.

3.1. Primeiras Considerações em Direção à Cooperação para Enfrentamento dos Desafios Trazidos pela Globalização

A intensificação das relações internacionais fez surgir a necessidade de regular essas relações em matéria tributária. Neste cenário, a OCDE editou, em 1963 o Convenção para Evitar a Dupla Tributação em Matéria de Impostos sobre a Renda e o Capital, que, em seu artigo 26[79],

---

[79] BRASIL. Decreto nº 78.107, de 22 de julho de 1976. Promulga a Convenção para Evitar a Dupla Tributação em Matéria de Impostos sobre a Renda e o Capital Brasil-Áustria. **Presidência da República**, Brasília, DF, 30 jul. 1976. Disponível em: <http://idg.receita.fazenda.gov.br/acesso-rapido/legislacao/acordos-internacionais/acordos-para-evitar-a-dupla-tributacao/austria/decreto-no-78-107-de-22-de-julho-de-1976>. Acesso em: 11 ago. 2018. ARTIGO 26 Troca de informações 1. As autoridades competentes dos Estados Contratantes trocarão entre si as informações necessárias para aplicar as disposições da presente Convenção e das leis internas dos Estados Contratantes relativas aos impostos que são objeto da presente Convenção, na medida em que a tributação nelas prevista for conforme com a presente Convenção. Todas as informações assim trocadas serão consideradas secretas e só poderão ser comunicadas às pessoas ou autoridades encarregadas do lançamento ou cobrança dos impostos que são objeto da Convenção. 2. O disposto no parágrafo 1 não poderá, em caso algum, ser interpretado no sentido de impor a um dos Estados Contratantes a obrigação: a) de tomar medidas administrativas contrárias a sua legislação ou à sua prática administrativa ou às do outro Estado Contratante; b) de fornecer informações que não poderiam

continha previsão de troca de informações entre os países acordantes. Inicialmente uma previsão simples, que abrangia apenas informações relativas aos impostos alcançados pela Convenção, com previsão de que as mesmas deveriam ser tratadas com o mesmo sigilo dispensado pela legislação interna.

É possível dizer que essa previsão marca o início da troca de informações com finalidade tributária, que começou de modo bilateral, mediante requerimento e limitada aos impostos cobertos pela Convenção.

Em 1988 a OCDE desenvolveu a Convenção sobre Assistência Mútua Administrativa em Matéria Tributária, para buscar a cooperação entre os países a fim de evitar a evasão fiscal ou a não tributação por intermédio de assistência administrativa, que inclui troca de informações (inclusive de fiscalizações), assistência na cobrança de créditos tributários e notificações. Reformulada em 2010, a fim de se amoldar aos padrões então estabelecidos pela OCDE de troca de informações, mediante solicitação ou automática, essa Convenção é considerada o instrumento mais abrangente para cooperação tributária.

Em 1996 o G7[80], em reunião realizada em Lyon, na França, reconheceu o fato de que a globalização criou novos desafios. O comunicado econômico, cujo subtítulo é "Fazendo uma Globalização Bem Sucedida para o Benefício de Todos" (tradução livre), traz em seu preâmbulo interessantes considerações sobre a globalização. Algumas delas são:

> 2. Economic growth and progress in today's interdependent world is bound up with the process of globalization. Globalization provides great opportunities for the future, not only for our countries, but for all others too. Its many positive aspects include an unprecedented expansion of investment and trade; the opening up to international trade of the world's

---

ser obtidas com base na sua legislação ou no âmbito da sua prática administrativa normal ou das do outro Estado Contratante; c)de fornecer informações reveladoras de segredos comerciais, industriais, profissionais ou de processos comerciais ou industriais, ou informações cuja comunicação seja contrária à ordem pública.

[80] Grupo formado em 1975 para discutir os problemas econômicos vividos na década de 70 (crise do petróleo e colapso do acordo Bretton Woods) que reuniu, inicialmente, representantes dos seis principais países industrializados à época (Estados Unidos, Alemanha, França, Reino Unido, Japão e Itália), ao qual se uniu o Canadá, em 1976, quando esse grupo passou a ser conhecido como G7. Desde 1977 representantes da comunidade europeia (atual União Europeia) participam das reuniões.

most populous regions and opportunities for more developing countries to improve their standards of living; the increasingly rapid dissemination of information, technological innovation and the proliferation of skilled jobs. These characteristics of globalization have led to a considerable expansion of wealth and prosperity in the world. Hence, we are convinced that the process of globalization is a source of hope for the future. History shows that rising living standards depend crucially on reaping the gains from trade, international investment and technical progress.

3. Globalization also poses challenges to societies and economies. Its benefits will not materialize unless countries adjust to increased competition. In the poorer countries, it may accentuate inequality and certain parts of the world could become marginalized. The adjustment needed is, however, imposing rapid and sometimes painful restructuring, whose effects, in some of our countries, can temporarily exacerbate the employment situation. Globalization of the financial markets can generate new risks of instability, which requires all countries to pursue sound economic policies and structural reform.[81]

---

[81] G7 INFORMATION CENTRE. **Economic Communiqué: Making a Success of Globalization for the Benefit of All**. Lyon, 28 jun. 1996. Disponível em: <http://www.g8.utoronto.ca/summit/1996lyon/communique.html>. Acesso em: 01 jun. 2018. 2. O crescimento econômico e o progresso no mundo interdependente de hoje estão vinculados ao processo de globalização. A globalização oferece grandes oportunidades para o futuro, não apenas para nossos países, mas também para todos os outros. Seus muitos aspectos positivos incluem uma expansão sem precedentes de investimento e comércio; a abertura ao comércio internacional das regiões mais populosas do mundo e oportunidades para que mais países em desenvolvimento melhorem seus padrões de vida; a disseminação cada vez mais rápida da informação, a inovação tecnológica e a proliferação de empregos qualificados. Essas características da globalização levaram a uma considerável expansão de riqueza e prosperidade no mundo. Por isso, estamos convencidos de que o processo de globalização é uma fonte de esperança para o futuro. A história mostra que a elevação dos padrões de vida depende crucialmente da obtenção dos ganhos do comércio, do investimento internacional e do progresso técnico. 3. A globalização também apresenta desafios para as sociedades e economias. Seus benefícios não se materializarão a menos que os países se ajustem ao aumento da concorrência. Nos países mais pobres, isso pode acentuar a desigualdade e certas partes do mundo podem se tornar marginalizadas. O ajustamento necessário é, no entanto, impor uma reestruturação rápida e por vezes dolorosa, cujos efeitos, em alguns dos nossos países, podem exacerbar temporariamente a situação do emprego. A globalização dos mercados financeiros pode gerar novos riscos de instabilidade, o que requer que todos os países busquem políticas econômicas sólidas e reformas estruturais. (tradução livre).

No mesmo relatório foram destacados os desafios trazidos pela globalização em matéria tributária. No primeiro capítulo, denominado *Strengthening Economic and Monetary Cooperation*, está afirmado:

16. Finally, globalization is creating new challenges in the field of tax policy. Tax schemes aimed at attracting financial and other geographically mobile activities can create harmful tax competition between States, carrying risks of distorting trade and investment and could lead to the erosion of national tax bases. We strongly urge the OECD to vigorously pursue its work in this field, aimed at establishing a multilateral approach under which countries could operate individually and collectively to limit the extent of these practices. We will follow closely the progress on work by the OECD, which is due to produce a report by 1998. We will also follow closely the OECD's continuation of its important work on transfer pricing, where we warmly endorse the significant progress that the OECD has already achieved.[82]

Em 1997, o G8[83] reafirmou, no documento denominado *Confronting Global Economic and Financial Challenges: Denver Summit Statement by Seven*, a expectativa dos países pelo relatório da OCDE sobre a concorrência fiscal prejudicial:

35. The globalization of national economies has increased the challenge of harmful tax competition. As stated in the Lyon communique, tax schemes aimed at attracting financial and other geographically mobile activities can

---

[82] *Idem*. 16. Finalmente, a globalização está criando novos desafios no campo da política tributária. Os esquemas tributários destinados a atrair atividades financeiras e outras atividades geograficamente móveis podem criar concorrência fiscal prejudicial entre Estados, acarretando riscos de distorção do comércio e do investimento, podendo levar à erosão das bases tributárias nacionais. Impulsionamos fortemente a OCDE a prosseguir vigorosamente seu trabalho nesta área, visando estabelecer uma abordagem multilateral sob a qual os países possam operar individual e coletivamente para limitar a extensão dessas práticas. Acompanharemos de perto o progresso do trabalho da OCDE, que deverá produzir um relatório até 1998. Também acompanharemos de perto a continuação do importante trabalho da OCDE sobre preços de transferência, no qual ratificamos calorosamente o significativo progresso que a OCDE alcançou. (tradução livre).

[83] Em 1997, o G7 admitiu a participação da Rússia no grupo, que passou a ser conhecido como G8, e assim perdurou até março de 2014, quando o G7 suspendeu a participação da Rússia no grupo em razão da anexação da Criméia pela Rússia, ação fortemente condenada pelo grupo.

create harmful tax competition between states, carrying risks of distorting trade and investment, and could lead to the erosion of national tax bases. Harmful tax competition also undermines the fairness and neutrality of the tax system. Hence we attach great importance to the work undertaken by the OECD. We hope that the OECD can produce its conclusions and recommendations on this subject in time for our consideration at next year's Summit.[84]

Em 1998 o relatório *Harmful Tax Competition – an Emerging Global Issue* foi publicado pela OCDE[85]. Nesse relatório, a Organização apresenta, em linhas gerais, um estudo sobre como identificar países que considera "paraísos fiscais" ou que adotam regimes agressivos de tributação favorecida, além de apresentar meios para combater a concorrência fiscal prejudicial:

4. The Report is intended to develop a better understanding of how tax havens and harmful preferential tax regimes, collectively referred to as harmful tax practices, affect the location of financial and other service activities, erode the tax bases of other countries, distort trade and investment patterns and undermine the fairness, neutrality and broad social acceptance of tax systems generally. Such harmful tax competition diminishes global welfare and undermines taxpayer confidence in the integrity of tax systems. The Report recognises the distinction between

---

[84] G7 INFORMATION CENTRE. **Confronting Global Economic and Financial Challenges: Denver Summit Statement by Seven**. Denver, 21 jun. 1997. Disponível em: <http://www.g8.utoronto.ca/summit/1997denver/confront.htm>. Acesso em: 01 jun. 2018. 35. A globalização das economias nacionais aumentou o desafio da concorrência fiscal prejudicial. Como afirmado no comunicado de Lyon, os esquemas tributários destinados a atrair atividades financeiras e outras atividades geograficamente móveis podem criar concorrência fiscal prejudicial entre os Estados, acarretando riscos de distorção do comércio e do investimento, e poderiam levar à erosão das bases tributárias nacionais. Concorrência fiscal prejudicial também prejudica a imparcialidade e neutralidade do sistema tributário. Por isso, atribuímos grande importância ao trabalho realizado pela OCDE. Esperamos que a OCDE possa produzir suas conclusões e recomendações sobre este assunto a tempo para nossa consideração na Cúpula do próximo ano. (tradução livre).

[85] Países membros à época, conforme consta do relatório: Alemanha, Austrália, Áustria, Bélgica, Canadá, Coreia, Dinamarca, Espanha, Estados Unidos, França, Finlândia, Grécia, Holanda, Hungria, Irlanda, Islândia, Itália, Japão, Luxemburgo, México, Noruega, Nova Zelândia, Polônia, Portugal, Reino Unido, República Tcheca, Suécia, Suíça e Turquia. A Comissão da Comunidade Europeia também compõe os trabalhos da OCDE.

acceptable and harmful preferential tax regimes and carefully analyses the features of both residence and source country tax systems that may lead to the damaging impact of harmful preferential tax regimes. The Report recognises that there are limitations on unilateral or bilateral responses to a problem that is inherently multilateral and identifies ways in which governments can best establish a common framework within which countries could operate individually and collectively to limit the problems presented by countries and fiscally sovereign territories engaging in harmful tax practices. By discouraging the spread of tax havens and harmful preferential tax regimes and encouraging those countries which presently engage in harmful tax practices to review their existing measures, the Report will serve to strengthen and to improve tax policies internationally.[86]

Vale ressaltar que esse relatório e respectivas recomendações não foram aceitos por Luxemburgo e Suíça, que manifestaram expressamente suas razões de discordância e a negativa de Adoção das recomendações. A negativa da Suíça será analisada de maneira aprofundada no próximo capítulo.

---

[86] OCDE. **Harmful Tax Competition: An Emerging Global Issue**. 1998. Disponível em: <http://www.oecd.org/tax/transparency/about-the-global-forum/publications/harmful-tax-competition-emerging-global-issue.pdf>. Acesso em 01 jun.2018. p. 08. 4. O Relatório pretende desenvolver uma melhor compreensão de como os paraísos fiscais e os regimes fiscais preferenciais prejudiciais, coletivamente chamados de práticas tributárias prejudiciais, afetam o local em que se realizam atividades financeiras e outros serviços, desgastam as bases tributárias de outros países, distorcem os padrões de comércio e investimento e enfraquecem a justiça, a neutralidade e a ampla aceitação social dos sistemas tributários em geral. Essa concorrência fiscal prejudicial diminui o bem-estar global e mina a confiança do contribuinte na integridade dos sistemas tributários. O Relatório reconhece a distinção entre regimes fiscais preferenciais aceitáveis e prejudiciais e analisa cuidadosamente as características dos sistemas tributários da residência e do país de origem que podem levar ao impacto prejudicial de regimes fiscais preferenciais prejudiciais. O Relatório reconhece que há limitações em respostas unilaterais ou bilaterais a um problema que é inerentemente multilateral e identifica maneiras pelas quais os governos podem melhor estabelecer uma estrutura de trabalho comum dentro da qual os países poderiam operar individual e coletivamente para limitar os problemas apresentados por países e territórios fiscalmente soberanos envolvidos em práticas fiscais prejudiciais. Desencorajando a disseminação de paraísos fiscais e regimes fiscais preferenciais prejudiciais e encorajando os países que atualmente se envolvem em práticas tributárias prejudiciais a rever suas medidas existentes, o Relatório servirá para fortalecer e melhorar as políticas tributárias internacionalmente. (tradução livre).

De fato, trata-se de um problema crescente, que prejudica sobremaneira o orçamento dos países e, consequentemente, impede os investimentos necessários à manutenção do bem-estar da população, pois afeta, em última análise, a correta distribuição da carga tributária. Portanto o perigo a que se refere o título do relatório é efetivo, sob pena de, ao perder o controle dessa situação, gerar uma situação de injustiça fiscal, uma vez que a tributação é uma das fontes de renda do Estado.

Nesse relatório a OCDE afirma, ainda, que estava sendo desenvolvido, para apresentação no ano seguinte, um relatório específico acerca do tratamento tributário dos investimentos internacionais, documento este que deu origem ao movimento global em busca de troca de informações financeiras para fins fiscais:

> 12. O tratamento tributário dos juros dos instrumentos de poupança internacional, particularmente dos depósitos bancários, não é considerado nesta primeira etapa do projeto, uma vez que o Comitê está atualmente examinando a viabilidade de elaborar propostas para lidar com os fluxos de juros internacionais, incluindo o uso de impostos retidos na fonte e troca de informações. Deram um mandato ao seu Grupo de Trabalho sobre Evasão e Evasão Fiscais para examinar como o intercâmbio de informações e os impostos retidos na fonte podem ser usados para assegurar que os fluxos de juros internacionais não escapem à tributação. O Comitê atribui uma importância considerável a esta questão e um primeiro relatório estará disponível em 1999.[87]

Em razão desse estudo específico, e demonstrando a crescente evolução da preocupação da OCDE com a necessidade de mitigar os riscos em matéria fiscal (não conformidade em matéria tributária) representados por países não colaborativos, foi criado no ano 2000 o *Global Forum on Transparency and Exchange of Information for Tax Purposes*, uma rede de troca multilateral de informações que, desde então, trabalha na troca de informações com finalidade tributária, inicialmente realizada mediante solicitação.

Vale dizer, ainda, que a OCDE, em 2005, alterou o artigo 26[88] do Acordo para Evitar a Dupla Tributação em Matéria de Impostos sobre a

---

[87] Idem. (tradução livre). p. 09-10.
[88] BRASIL. Decreto nº 8.140, de 14 de Novembro de 2013. Promulga o Acordo entre o Governo da República Federativa do Brasil e o Governo da República da Turquia para Evitar

Renda e o Capital, introduzindo novas e mais rígidas regras com relação à troca de informações.

Com essa alteração, a troca de informações passou a ser possível para qualquer imposto existente no Estado contratante (país ou suas

a Dupla Tributação e Prevenir a Evasão Fiscal em Matéria de Impostos sobre a Renda, firmado em Foz do Iguaçu, em 16 de dezembro de 2010. **Presidência da República**, Brasília, DF, 12 nov. 2013. Disponível em: <http://idg.receita.fazenda.gov.br/acesso-rapido/legislacao/acordos-internacionais/acordos-para-evitar-a-dupla-tributacao/turquia/decreto-no-8--140-de-14-de-novembro-de-2013>. Acesso em: 11 ago. 2018. Artigo 26 Troca de Informações 1. As autoridades competentes dos Estados Contratantes trocarão entre si informações previsivelmente relevantes para a aplicação das disposições do presente Acordo ou para a administração ou cumprimento da legislação interna relativa aos impostos de qualquer espécie e descrição exigidos por conta dos Estados Contratantes, ou de suas subdivisões políticas ou autoridades locais, na medida em que a tributação nela prevista não for contrária ao Acordo. A troca de informações não está restrita pelos Artigos 1 e 2 deste Acordo.
2. Quaisquer informações recebidas na forma do parágrafo 1 deste Artigo por um Estado Contratante serão consideradas secretas da mesma maneira que informações obtidas sob a legislação interna desse Estado e serão comunicadas apenas às pessoas ou às autoridades (incluindo tribunais e órgãos administrativos) encarregadas do lançamento ou da cobrança dos impostos referidos no parágrafo 1, da execução ou instauração de processos relativos a infrações concernentes a esses impostos, da apreciação de recursos a eles correspondentes, ou da supervisão das atividades precedentes. Essas pessoas ou autoridades utilizarão as informações somente para esses fins. Elas poderão revelar as informações em procedimentos públicos nos tribunais ou em decisões judiciais.
3. Em nenhum caso, as disposições dos parágrafos 1 e 2 deste Artigo serão interpretadas no sentido de impor a um Estado Contratante a obrigação de: a) tomar medidas administrativas contrárias às suas leis e práticas administrativas ou às do outro Estado Contratante; b) fornecer informações que não possam ser obtidas com base na sua legislação ou no curso normal de suas práticas administrativas ou nas do outro Estado Contratante; c) fornecer informações que revelariam qualquer segredo comercial, empresarial, industrial ou profissional, ou processo comercial, ou informações cuja revelação seria contrária à ordem pública. 4. Se as informações forem solicitadas por um Estado Contratante de acordo com o presente Artigo, o outro Estado Contratante utilizará os meios de que dispõe para obter as informações solicitadas, mesmo que esse outro Estado não necessite de tais informações para seus próprios fins fiscais. A obrigação constante da frase anterior está sujeita às limitações do parágrafo 3 deste Artigo, mas em nenhum caso tais limitações serão interpretadas no sentido de permitir que um Estado Contratante recuse-se a prestar as informações somente porque essas informações não sejam de seu interesse no âmbito interno. 5. Em nenhum caso as disposições do parágrafo 3 deste Artigo serão interpretadas no sentido de permitir que um Estado Contratante recuse-se a prestar as informações somente porque tais informações são detidas por um banco, por outra instituição financeira, por mandatário ou pessoa que atue na qualidade de agente ou de fiduciário, ou porque estão relacionadas com os direitos de propriedade de uma pessoa.

subdivisões), ainda exigido o tratamento sigiloso da informação. A grande inovação foi a previsão de que a informação solicitada deve ser fornecida ainda que o Estado (que está a fornecer a informação) não necessite delas para seus propósitos, bem como que o Estado não pode recusar a fornecê-las sob o argumento de que estariam em poder de instituições financeiras ou que seria inerente ao direito de propriedade da pessoa.

O que se verifica nessas mudanças efetuadas é que a OCDE estava a preparar as bases para a futura AEOI.

Entretanto, é possível afirmar que a crise econômica mundial, vivida em 2008, configurou uma espécie de gatilho para a intensificação da busca pela transparência e troca de informações, sobretudo com vistas a alcançar o capital e rendimentos nos "paraísos fiscais" e nos países com tributação favorecida.

3.2. Ações Recentes Sobre a Cooperação entre Países com Finalidade Tributária

Adotando por limite temporal a crise de 2008, é possível apontar cinco grandes elementos que evidenciam esse movimento globalizado pela troca de informações.

Seguindo uma ordem meramente cronológica, o primeiro deles é a declaração dos líderes do G20[89] na Cúpula de Londres de 2009, em que foi afirmada, categoricamente, a necessidade do fim da era do sigilo bancário, bem como a adoção de medidas contra países que não colaborarem:

> 15. Com esse propósito, estamos implementando o Plano de Ação acordado em nossa reunião anterior, tal como indicado no relatório anexo sobre o progresso realizado. Também adotamos hoje, em separado, a Declaração *Reforçando o Sistema Financeiro*. Em particular, acordamos:
> [...]
> o atuar contra jurisdições não-cooperativas, inclusive paraísos fiscais. Estamos prontos para aplicar sanções com vistas a proteger nossas

---

[89] G20 é um grupo criado em 1999 quando, em uma reunião do G7, os Ministros das Finanças e chefes de Bancos Centrais perceberam a necessidade de um órgão mais abrangente, para ter maior alcance na discussão acerca dos problemas econômicos mundiais. É composto por 19 países (África do Sul, Alemanha, Arábia Saudita, Argentina, Austrália, Brasil, Canadá, China, Coreia do Sul, Estados Unidos, França, Índia, Indonésia, Itália, Japão, México, Reino Unido, Rússia e Turquia) mais a União Europeia.

finanças públicas e sistemas financeiros. A era de sigilo bancário acabou. Notamos que a OCDE publicou hoje a lista de países que o Foro Global avaliou com base em padrões internacionais de troca de informação tributária;
[...].[90]

Nesse mesmo ano, o Fórum Mundial da Transparência e Troca de Informações para Fins Fiscais foi reestruturado, e passou a assumir papel importante para a elaboração e implementação de padrões internacionais de transparência. Atualmente, este órgão da OCDE conta com cento e cinquenta membros e dezessete organizações internacionais que participam como observadores[91], e assegura o cumprimento dos padrões que estabelece através da fiscalização e revisão pelos próprios pares, além de prever um programa de assistência técnica para seus membros.

Em março de 2010, nos Estados Unidos, foi promulgado o *HIRE Act*[92] que, no título V, subtítulo A, criou o FATCA, um conjunto de normas que passou a ser obrigatório em 2015, cuja finalidade é o fornecimento automático de informações, por parte das instituições financeiras estrangeiras e algumas instituições não-financeiras, das contas e investimentos mantidos por pessoas físicas ou jurídicas norte-americanas fora do seu território, sob pena de retenção de 30% do seu valor total, conforme o artigo 1471 do *U.S. Code*[93].

Em dezembro de 2012, a Comissão Europeia emitiu um Comunicado encaminhado ao Parlamento Europeu e ao Conselho, no qual expõe um plano de ações para evitar fraude e evasão fiscal. Dentre as diversas ações listadas, prevê a criação de uma plataforma de boa governança fiscal, além de afirmar a troca automática de informações como futura

---

[90] G20 INFORMATION CENTRE. **Declaração dos Líderes do G20 em Londres. Londres**, 02 abr. 2009. Disponível em: <http://www.g20.utoronto.ca/2009/2009communique0402-br.html>. Acesso em: 01 jun. 2018.

[91] OCDE. **Global Forum members & observers**. Disponível em: <http://www.oecd.org/tax/transparency/about-the-global-forum/members/>. Acesso em: 01 jun. 2018.

[92] Estados Unidos. Hiring Incentives to Restore Employment Act, de 24 fev. 2010. **U.S. Government Publishing Office**. Washington, 2010. Disponível em: <https://www.gpo.gov/fdsys/pkg/BILLS-111hr2847eas2/pdf/BILLS-111hr2847eas2.pdf>. Acesso em: 18 mai. 2018.

[93] Idem. U.S. Code. Legal Information Institute. Disponível em: <https://www.law.cornell.edu/uscode/text/26/1471>. Acesso em: 18 mai. 2018.

norma europeia de transparência, viabilizada pelo desenvolvimento de ferramentas de Tecnologia da Informação (TI) em colaboração com a OCDE, a serem utilizadas por seus integrantes tanto em suas relações com outros membros da União Europeia (UE) quanto com países terceiros:

> 16. Promover a norma respeitante à troca automática de informações em fóruns internacionais e as ferramentas de tecnologias da informação (TI) da UE A Comissão continuará a promover ativamente a troca automática de informações como a futura norma europeia e internacional de transparência e troca de informações em matéria fiscal. É também essencial que as ferramentas de TI da UE desenvolvidas pela Comissão em conjunto com os Estados-Membros sejam promovidas em fóruns internacionais20, em especial na OCDE, a fim de assegurar a aplicação alargada dessas ferramentas e evitar duplicações. Os Estados-Membros devem estar em condições de utilizar um único conjunto de ferramentas tanto ao nível da UE como nas suas relações com países terceiros.
> [...].[94]

No encontro do G20 em setembro de 2013, realizado em St. Petersburgo, na Rússia, os países membros anunciaram, no Anexo Fiscal da Declaração dos Líderes (tradução livre) um plano de ação para enfrentar a erosão da base tributária e deslocamento dos lucros, denominado *Base Erosion and Profit Shifting* (BEPS), que trouxe em seu bojo a previsão de um conjunto de quinze ações com o objetivo de minimizar as diferenças entre os diferentes sistemas tributários, estabelecer maior transparência e assegurar que os lucros serão tributados no local em que efetivamente ocorreu a atividade econômica, com expectativa de entrega em no máximo vinte e quatro meses:

> 7. **The Action Plan aimed at addressing BEPS sets forth an ambitious agenda to examine the following fundamental aspects of the international tax rules:**

---

[94] Comissão Europeia. **Comunicação da Comissão ao Parlamento Europeu e ao Conselho: Plano de ação para reforçar a luta contra a fraude e a evasão fiscais.** Disponível em: <https://ec.europa.eu/taxation_customs/sites/taxation/files/com_2012_722_pt.pdf>. Acesso em 01 jun. 2018.

➢ **First, changes to international tax rules must be designed to address the gaps between different countries' tax systems, while still respecting the sovereignty of each country to design its own rules.** Instruments will be developed to neutralise hybrid mismatches and arbitrage; recommendations will be developed regarding best practices in the design of domestic legislation to protect the tax base of countries against shifting of profits to no or low taxation jurisdiction (through strengthening or introducing so called "CFC" rules – Controlled Foreign Companies); and recommendations will be developed regarding rules to prevent base erosion through interest deduction.

➢ **Second, the existing international tax rules on tax treaties, permanent establishment, and transfer pricing will be examined to ensure that profits are taxed where economic activities occur and value is created.** The action plan is designed to establish anti-treaty shopping provisions and develop changes to the definition of the permanent establishment (that is, whether there is sufficient nexus to allow a charge to tax) to prevent BEPS. Three actions are identified in the area of transfer pricing to put an end to the divorce between the location of profits and the location of real activities. Importantly, there is recognition that although the existing transfer pricing rules appropriately allocate income in many instances, special measures, either within or beyond the arm's length principle, may be required to address certain specific difficulties arising in the current system.

➢ **Third, more transparency will be established, including through a common template for companies to report to tax administrations on their worldwide allocation of profits and tax.** It also requires more transparency between governments, with the need for countries to disclose rulings and other tax benefits to their partners, and disclosure by taxpayers of aggressive tax planning arrangements. The Action Plan also provides mechanisms to collect better data so as to be able to measure BEPS and carry out the relevant economic analyses.

➢ **Fourth, all the actions are expected to be delivered in the coming 18 to 24 months.** To ensure that the recommendations may be implemented quickly, the OECD will be developing a multilateral instrument for interested countries to amend their existing network of bilateral treaties.[95]

---

[95] RUSSIA G20. **Tax Annex to the Saint Petersburg G20 Leaders' Declaration.** St.Petersburg, 05 set. 2013. Disponível em: <http://en.g20russia.ru/documents/#p3>.

Com fundamento na ação 13 do BEPS foi aprovado, em 2014, o CRS, que prevê um sistema de troca automática de informações financeiras para fins tributários.

Verifica-se portanto que, ante a constatação da necessidade de se agir para combater o planejamento tributário agressivo e a fraude fiscal, foram desenvolvidas ferramentas com esse objetivo, consistentes, principalmente, na colaboração entre os países para a troca automática de

---

Acesso em: 01 jun. 2018. (tradução livre). Grifos no original. **7. O Plano de Ação destinado a abordar o BEPS estabelece uma agenda ambiciosa para examinar os seguintes aspectos fundamentais das regras fiscais internacionais:**
Primeiro, as mudanças nas regras tributárias internacionais devem ser elaboradas para tratar as lacunas entre os diferentes sistemas tributários, respeitando a soberania de cada país na elaboração de suas próprias regras. Instrumentos serão desenvolvidos para neutralizar incompatibilidades e arbitragem híbridas; serão desenvolvidas recomendações sobre as melhores práticas na elaboração da legislação nacional para proteger a base tributária dos países contra a transferência de lucros para jurisdições de baixa ou nenhuma tributação (por meio do fortalecimento ou introdução das chamadas regras "CFC" – Empresas Estrangeiras Controladas); e recomendações serão desenvolvidas a respeito de regras para evitar a erosão da base tributária através da dedução de juros.
Segundo, as regras tributárias internacionais vigentes sobre tratados tributários, estabelecimento permanente e preços de transferência serão examinadas para assegurar que os lucros sejam tributados onde as atividades econômicas ocorrerem e for criado valor. O plano de ação destina-se a estabelecer disposições que visam coibir o *treaty shopping* e a desenvolver mudanças na definição do estabelecimento permanente (ou seja, se há um vínculo suficiente para permitir a cobrança de tributo) para prevenir o BEPS. Três ações são identificadas no âmbito dos preços de transferência para pôr fim ao descasamento entre a localização dos lucros e a real localização das atividades. É importante ressaltar que há reconhecimento de que, embora as regras de preços de transferência existentes aloquem apropriadamente a receita em muitos casos, medidas especiais, dentro ou fora do princípio *arm's lenght*, podem ser necessárias para resolver certas dificuldades específicas que surgem no sistema atual.
Terceiro, mais transparência será estabelecida, inclusive por meio de um modelo comum para as empresas informarem às administrações tributárias sobre sua alocação mundial de lucros e impostos. Isso também exige mais transparência entre os governos, com a necessidade de os países divulgarem decisões e outros benefícios fiscais aos seus parceiros, e divulgação, pelos contribuintes, de esquemas agressivos de planejamento tributário. O Plano de Ação também fornece mecanismos para melhor coletar informações que permitam medir o BEPS e realizar as análises econômicas relevantes.
Quarto, todas as ações devem ser entregues nos próximos 18 a 24 meses. Para garantir que as recomendações sejam implementadas rapidamente, a OCDE desenvolverá um instrumento multilateral para que os países interessados modifiquem sua atual rede de tratados bilaterais. (tradução livre)

informações, para fins fiscais, além de ações coordenadas para detectar e corrigir falhas nos sistemas tributários internos, que possam favorecer a evasão fiscal.

Nesse sentido é a opinião de Everton Anízio Ferreira, gerente da área de tributação de um banco multinacional:

Em uma análise macro, sem o olhar de quem trabalha na área de impostos, a busca pela eficiência na arrecadação permite ao Estado a não onerar os bons pagadores, à medida que ela diminui os custos com sonegação fiscal e melhora a eficiência na arrecadação. A globalização, por outro lado, propicia aos investidores dinamizar seu portfólio aplicando parte dos seus recursos (investindo) fora do país de domicílio fiscal, uma vez que ele possui mais informações do país e dos produtos disponíveis para investimento dos seus recursos. Por isso, sem a troca de informações entre países, a fiscalização dos recursos mantidos fora do país do residente fiscal acaba dificultando o controle e transparência dessas informações. A evolução desses acordos de cooperação, como FATCA e CRS, é importante para o Estado no que se refere à fiscalização e transparência fiscal.[96]

Inquestionável que tais ações e suas respectivas finalidades são benéficas aos países, sobretudo aqueles que têm os lucros produzidos em seu território desviados para outros com tributação favorecida. Entretanto, é necessário analisar se a adesão dos países a esse modelo não seria incompatível com sua legislação interna, principalmente com relação à proteção (sigilo) da informação e a soberania nacional, considerando, ainda, a legitimidade dos atores que, de certo modo, impõe a adesão dos demais aos modelos por eles defendidos mediante a imposição de alguma ameaça para o não cumprimento.

3.3. *Foreing Account Tax Compliance Act* (FATCA)

Antes de entrar no estudo do FATCA, é importante fazer uma breve análise das regras que disciplinam a sujeição passiva para fins de imposto sobre a renda nos Estados Unidos.

Via de regra, os países adotam dois elementos de conexão para fins de imposto sobre a renda: fonte e residência. Portanto, todos os resi-

---

[96] Anexo C – Pesquisa de campo – Questionários respondidos. Resposta de Everton Anízio Ferreira à pergunta nº 16.

dentes de um determinado país ou que recebam recursos desse país (independentemente da nacionalidade) estão sujeitos ao pagamento de imposto sobre a renda para esse país.

Os Estados Unidos, além desses dois elementos, adotam um terceiro: a nacionalidade. Portanto, todos os cidadãos americanos, onde quer que residam, são sujeitos ao pagamento de imposto sobre a renda para os Estados Unidos.

Essa regra foi consolidada no caso *COOK vs. TAIT, Collector of Internal Revenue*, julgado em 05 de maio de 1924, em que foi afirmado:

> Citizens of the United States except those entitled to the benefits of section 262, * * * wherever resident, are liable to the tax. It makes no difference that they may own no assets within the United States and may receive no income from sources within the United States. Every resident alien individual is liable to the tax, even though his income is wholly from sources outside the United States. Every nonresident alien individual is liable to the tax on his income from sources within the United States.[97]

Tal orientação foi mantida no *Code of Federal Regulations* (CFR)[98], título 26, seção 1.1-1, segundo o qual todos os cidadãos americanos, os residentes e os estrangeiros não residentes (assim considerados os residentes de boa-fé em Porto Rico, Guam, Samoa Americana, Ilha Swains ou as Ilhas Marianas do Norte) devem pagar imposto sobre a renda aos Estados Unidos.

A partir do conhecimento das regras norte-americanas, se torna mais fácil entender os motivos que levaram o governo a buscar, incessante-

---

[97] Estados Unidos. Suprema Corte. COOK v. TAIT, Collector of Internal Revenue. Julgado em 05 mai. 1924. Disponível em: <https://www.law.cornell.edu/supremecourt/text/265/47>. Acesso em 07 jun. 2018. Cidadãos dos Estados Unidos, exceto aqueles que têm direito aos benefícios da seção 262, * * * onde residirem, estão sujeitos ao imposto. Não faz diferença que eles não possuam ativos nos Estados Unidos e não recebam renda de fontes dentro dos Estados Unidos. Todo indivíduo estrangeiro residente está sujeito ao imposto, mesmo que sua renda seja integralmente proveniente de fora dos Estados Unidos. Todo indivíduo estrangeiro não residente está sujeito ao imposto sobre sua renda proveniente de fontes dentro dos Estados Unidos. (tradução livre).

[98] Idem. Code of Federal Regulations. **Legal Information Institute**. Disponível em: <https://www.law.cornell.edu/cfr/text/26/1.1-1>. Acesso em: 07 jun. 2018.

mente, informações sobre rendimentos das pessoas sujeitas à tributação nos Estados Unidos fora de seu território.

Importante salientar que o FATCA não foi a primeira atuação do governo norte-americano em busca de obter essas informações vinculando as instituições financeiras estrangeiras. Em 2001 passou a vigorar o regime *Qualified Intermediary* (QI), com o objetivo de identificar as pessoas que configuram sujeito passivo da tributação sobre a renda nos Estados Unidos e que investiam em títulos norte-americanos através de intermediários estrangeiros, sob pena de retenção de imposto. Essa legislação, com algumas alterações, permanece em vigor.

Vale dizer, conforme será melhor analisado no capítulo quatro, que este regime permitiu que fosse detectado um grande esquema de evasão fiscal praticado por bancos suíços em favor de cidadãos norte-americanos.

Assim, é possível afirmar que essa primeira fase tinha por finalidade a obtenção de informações sobre rendimentos tributáveis com fundamento no elemento de conexão fonte do rendimento.

Em 2010, com início de vigência a partir de 2015, foi criado o FATCA, cuja finalidade, diferentemente do regime do QI, é obter informações sobre rendimentos tributáveis daquelas pessoas que configuram sujeito passivo do imposto sobre a renda aos Estados Unidos, com fundamento em outro elemento de conexão, a nacionalidade.

Conforme mencionado anteriormente, o FATCA nasceu no capítulo V do HIRE *Act*, uma norma norte-americana que introduziu diversas alterações ao *US Code*, cujo objetivo era incentivar as contratações e, assim, restabelecer os níveis de emprego no país após a crise econômica vivenciada em 2008.

O motivo pelo qual o FATCA foi inserido nessa lei fica evidenciado em seu título: "Disposições de Compensação". Isto porque o HIRE *Act* criou diversos benefícios e incentivos para cumprir sua finalidade de incentivar as contratações e a retenção de empregados, o que acabaria por reduzir sobremaneira a arrecadação de tributos. Portanto, coma finalidade de compensar essa redução, o governo escolheu intensificar a fiscalização a fim de que a tributação pudesse atingir de forma efetiva aquela parcela da riqueza que conseguia, por diversas formas, escapar de seu conhecimento.

Trata-se de uma medida bastante perspicaz, pois em vista da crise econômica enfrentada pelo país à época, o governo optou por um caminho evidentemente mais complexo (aumentar a fiscalização em todo o mundo não é tarefa fácil), porém mais justo (do ponto de vista do contribuinte), uma vez que buscou as informações necessárias à tributação das riquezas mantidas pelos sujeitos passivos de tal tributação no exterior e que até então conseguiam se esquivar.

Para colocar em prática essa grande fiscalização, os Estados Unidos emitiram uma proposta de regulamentação para seu cumprimento, prevendo etapas e um cronograma, ajustável conforme as necessidades de cada país, para observância em seu âmbito interno de todas as medidas.

Neste ponto, vale retomar o quanto afirmado no capítulo sobre governança a respeito do poder econômico. Resta evidente o uso desse poder por parte dos Estados Unidos para impor essa regra, pois, apesar de haver a previsão de aplicação em etapas e ajustável às necessidades de cada país, a regra impõe que pagamentos feitos a países e instituições financeiras não participantes do programa seja feita a retenção de imposto, impondo, assim, a adesão.

O FATCA é definido pelo *Internal Revenue Service* (IRS), a receita federal norte-americana, como um esforço norte-americano para combater a evasão fiscal de *U.S. persons* detentores de contas e outros ativos financeiros *offshore*[99]. Conforme afirmou a Secretária Adjunta Interina para Política Tributária Emily S. McMahon:

> When taxpayers overseas avoid paying what they owe, other Americans have to bear a disproportionate share of the tax burden. FATCA is an important part of the U.S. government's effort to address that issue, and these regulations implement FATCA in a way that is targeted and efficient. We believe these efforts will serve as a complement and catalyst to the ongoing global efforts to combat offshore tax evasion.[100]

---

[99] IRS. **Summary of FATCA Reporting for U.S. Taxpayers**. Disponível em: <https://www.irs.gov/businesses/corporations/summary-of-fatca-reporting-for-us-taxpayers>. Acesso em: 28 mai. 2018.

[100] U.S. Department Of The Treasury. **Treasury and IRS Issue Proposed Regulations Under the Foreign Account Tax Compliance Act to Improve Offshore Tax Compliance and Reduce Burden**. Disponível em: <https://www.treasury.gov/press-center/press-releases/Pages/tg1412.aspx>. Acesso em: 09 jun. 2018. Quando os contribuintes do exterior evitam pagar o que devem, outros americanos têm que suportar uma parte desproporcional da carga tributária. O FATCA é uma parte importante do esforço do governo dos EUA para resolver esse problema, e esses regulamentos implementam o FATCA de maneira direcio-

Para fins tributários, *U.S. persons* são[101]: a) cidadãos ou residentes dos Estados Unidos; b) parcerias sediadas nos Estados Unidos; c) empresas sediadas nos Estados Unidos; d) qualquer Estado (que não estrangeiro); e) qualquer *trust*, se a justiça norte-americana tiver o poder de supervisionar sua administração e uma ou mais *U.S. persons* detiverem o controle substancial de suas decisões.

São cidadãos americanos, conforme o CFR: a) todas as pessoas nascidas nos Estados Unidos e seus territórios; b) as pessoas nascidas em outro país e naturalizadas norte-americanas; c) crianças nascidas fora dos Estados Unidos que tenham um dos pais norte-americanos, conforme determinadas condições; d) crianças adotadas por cidadãos norte-americanos.

São considerados residentes nos Estados Unidos para fins fiscais, segundo o IRS[102]: a) os estrangeiros detentores de *green card*, a permissão de residência permanente nos Estados Unidos, como imigrante; b) estrangeiros (com algumas exceções) que, conforme o teste de presença substancial, tenham estado fisicamente presentes nos Estados Unidos durante trinta e um dias durante o ano em curso e cento e oitenta e três dias durante o período de três anos (o ano atual e os dois anos imediatamente anteriores), considerando para tanto a soma de todos os dias em que esteve presente no ano em curso, a um terço dos dias em que esteve presente no ano imediatamente anterior, e mais um sexto dos dias em que esteve presente no primeiro ano do período considerado.

O FATCA exige que as *Foreign Financial Institutions* (FFIs) [Instituições Financeiras Estrangeiras] identifiquem as contas de *U.S. persons*[103],

---

nada e eficiente. Acreditamos que esses esforços servirão como um complemento e um catalisador para os esforços globais em curso para combater a evasão fiscal no exterior. (tradução livre).

[101] IRS. **Classification of Taxpayers for U.S. Tax Purposes**. Disponível em: <https://www.irs.gov/individuals/international-taxpayers/classification-of-taxpayers-for-us-tax-purposes>. Acesso em: 19 jun. 2018.

[102] Idem. **Determining Alien Tax Status**. Disponível em: <https://www.irs.gov/individuals/international-taxpayers/determining-alien-tax-status>. Acesso em: 19 jun. 2018.

[103] O FATCA trouxe à tona a discussão acerca da tributação baseada na cidadania com relação aos norte-americanos que vivem fora do país.
De acordo com *The Association of Americans Resident Overseas* (Associação dos Americanos Residentes no Exterior), muitos cidadãos que vivem no exterior têm enfrentado problemas como ter recusado acesso a serviços financeiros como hipotecas, ou, até mesmo, abertura de

enviem informações sobre tais contas ao IRS e, na hipótese de pagamento para FFI que não esteja de acordo com suas exigências, reter do valor total o montante de trinta por cento, a título de imposto.

De acordo com a *Section* 1471 (5) do título 26 do *U.S. Code*, é considerada *FFI* a entidade que: a) aceita depósitos, no curso normal de um negócio bancário ou similar; b) detém ativos financeiros por conta de terceiros como uma parte substancial de seus negócios; c) está envolvida em negócios de investimentos, reinvestimentos, negociações de títulos, commodities ou juros (de qualquer espécie, inclusive contratos futuros e opções).

As informações que as FFIs devem fornecer ao IRS, segundo a Section 1471 (c): a) nome, endereço e *Tax Identification Number*[104] (TIN) de cada *U.S. person* titular da conta e, no caso de conta de propriedade de entidade norte-americana, o nome, endereço e TIN de cada proprietário substancial; b) número da conta; c) saldo ou valor da conta ao final do ano; d) os recebimentos brutos, as retiradas brutas ou pagamentos efetuados na conta.

Para a melhor identificação das FFIs, é exigido que elas façam um cadastro no portal do FATCA, ocasião em que receberão um número de identificação, a ser usado em todas as operações que realizarem.

Para a implementação do FATCA, foram criados dois modelos diferentes de *Intergovernmental Agreements* (IGA) [Acordos Intergovernamentais], sendo que, em ambos, as jurisdições concordam em remover os impedimentos legais internos ao cumprimento das obrigações ali previstas.

---

conta poupança para crianças, a quem denominam "americanos acidentais", o que teria levado muitos a renunciarem à cidadania norte-americana.

Por esse motivo, as representações dos partidos Republicano e Democratas no exterior se uniram para elaborar uma proposta de alteração da legislação tributária nesse tema, a H.R. 7358, que foi apresentada no Congresso norte-americano em 20 de dezembro de 2018, que, acredita-se, será votada em 2019.

Informações baseadas no texto intitulado "Democrats and Republicans Together for the End of Citizenship-Based Taxation" ("Democratas e Republicanos Juntos pelo Fim da Tributação Baseada na Cidadania"), disponível em: <www. https://aaro.org/advocacy/taxation--issues/747-democrats-and-republicans-together-for-the-end-of-citizenship-based-taxation>. Acesso em: 04 fev. 2019). A íntegra da proposta de alteração pode ser consultada em: <https://www.congress.gov/115/bills/hr7358/BILLS-115hr7358ih.pdf>. Acesso em: 04 fev. 2019.

[104] Número de Identificação Fiscal (tradução livre), utilizado pelo IRS na administração tributária.

O denominado Modelo 1 prevê que a jurisdição parceira concorda em reportar ao IRS determinadas informações sobre contas norte-americanas mantidas em todas as instituições financeiras relevantes de sua jurisdição. Neste modelo de acordo pode haver ou não reciprocidade de informações.

A partir de então, as FFIs devem identificar as contas de *U.S. persons*, adotadas as devidas cautelas e diligências previstas no próprio acordo, e reportar tais informações à autoridade competente em sua jurisdição, que as encaminhará ao IRS de forma automática.

Por sua vez, o Modelo 2 prevê que a jurisdição parceira permita que todas as instituições financeiras relevantes de sua jurisdição reportem tais informações diretamente ao fisco norte-americano, o que deve ser feito conforme as cautelas e diligências previstas no acordo. Este modelo prevê, ainda, que as FFIs reportem, de forma agregada, informações relativas a titulares de contas preexistentes e que não concordaram em ter suas informações financeiras reportadas. Com base nesse relatório conciso, o IRS poderá solicitar à respetiva jurisdição as informações detalhadas[105].

Não obstante a complexidade do programa, nitidamente desenvolvido para alcançar a maioria das possíveis hipóteses de não tributação ou evasão fiscal, é possível afirmar que o grande diferencial do FATCA, que acabou por conseguir a adesão de diversos países e instituições financeiras, é o fato de que, na hipótese de a FFI não providenciar seu cadastro junto ao IRS e o país não assinar o IGA, certos pagamentos a elas realizados por fontes norte-americanas estarão sujeitos a uma retenção de 30% (trinta por cento) a título de imposto.

Até 09 de junho de 2018, segundo dados da página do *U.S. Department of the Treasury*[106] (órgão norte-americano equivalente ao Ministério da Fazenda brasileiro) relacionada ao FATCA, cento e treze países haviam assinado Acordos Intragovernamentais, sendo noventa e nove com base no Modelo 1 enquanto apenas quatorze países adotaram o Modelo 2.

---

[105] IRS. **FATCA Information for Governments**. Disponível em: <https://www.irs.gov/businesses/corporations/fatca-governments>. Acesso em: 09 jun. 2018.
[106] U.S. DEPARTMENT OF THE TREASURY. **Foreign Account Tax Compliance Act (FATCA)**. Disponível em: <https://www.treasury.gov/resource-center/tax-policy/treaties/Pages/FATCA.aspx>. Acesso em: 09 jun. 2018.

Importante ressaltar que, do total de acordos assinados, treze deles, embora assinados, ainda não estão em vigor (porque referidos países ainda não notificaram os Estados Unidos, por escrito, informando que teriam implementado os procedimentos internos necessários ao seu cumprimento, conforme disposto no artigo 10, item 1 dos dois modelos de acordo), enquanto outros treze estão acordados porém ainda não assinados, mas são considerados como vigentes pelos Estados Unidos (o que foi muito importante para as FFIs localizadas nesses países, pois isso definiu o procedimento de registro no portal do FATCA).

Como se verifica, o FATCA foi criado por lei dos Estados Unidos e imposta de modo unilateral aos demais países, utilizando-se de uma autoridade baseada em seu poder econômico.

Em esclarecimento a respeito do FATCA e a adesão brasileira ao programa, a Delegada da Receita Federal Márcia Cecilia Meng se manifestou exatamente nesse sentido:

> O primeiro esclarecimento necessário é que o FATCA não é um acordo no qual o Brasil tenha decidido fazer parte, trata-se de uma Lei americana que visa obter informações de contribuintes americanos que tenham qualquer tipo de renda fora do solo americano. Essa Lei faculta a todos os países do mundo fornecerem informações referentes a rendimentos/receitas de contribuintes americanos ao IRS ou, não concordando e prestar essa informação de forma voluntária, se submeter a uma retenção na fonte (alíquota de 30%) de todo e qualquer valor que seja enviado ao país após ter transitado em Instituições Financeiras Americanas, o que é um ônus extremamente pesado a um país e o retiraria do interesse de investidores estrangeiros, pois grande parte do sistema financeiro mundial transita pelos EUA.
> Portanto o Brasil, país em desenvolvimento e dependente de investimento estrangeiro, teve de aderir ao FATCA.
> [...].[107]

Não obstante sua finalidade positiva, o FATCA é bastante criticado pelos norte-americanos, residentes ou não, que pedem o fim do programa[108]. Acreditava-se que, à época da votação da reforma tributá-

---

[107] Anexo B – Pesquisa de Campo – Resposta de Delegada da Receita Federal a pedido de informação realizado na Ouvidoria à pergunta nº 1.
[108] CAMPAIN TO REPEAL FATCA (Estados Unidos). **FATCA is 'unacceptable and un-American', says US taxpayer coalition in repeal lobby.** 2017. Disponível em: <http://

ria norte-americana, a extinção do FATCA poderia ser utilizada como moeda de troca para sua aprovação[109], o que não aconteceu, tendo sido a reforma tributária[110] aprovada ao final de dezembro de 2017.

De forma resumida, a reforma tributária norte-americana reduziu a carga de impostos de pessoas físicas e jurídicas, eliminou alguns benefícios e isenções, além de tributar de modo facilitado a riqueza mantida no exterior (com a expectativa de repatriação desses valores), tendo como objetivo aquecer a economia daquele país.

Analisando-se suas provisões, as alterações inseridas pela reforma tributária norte-americana não trouxeram significativo impacto em relação às normas do FATCA e seu propósito, de modo que, na opinião desta autora, a reforma tributária norte-americana não pode ser utilizada como argumento para sua extinção.

---

repealfatca.com/2017/03/23/fatca-unacceptable-un-american-says-us-taxpayer-coalition-repeal-lobby/>. Acesso em: 08 fev. 2018. De acordo com a notícia, o grupo, liderado por Nigel Green, CEO de uma grande consultoria financeira com atuação em diversos países, enviou uma carta a diversos membros do Congresso norte-americano, destacando cinco pontos principais em que se baseia o movimento contrário à reforma. São eles, em tradução livre: 1. O FATCA falhou em seu objetivo de atingir riquezas particulares que usam contas estrangeiras para evitar tributação; 2. Engana 'americanos inocentes" com exigências de declaração e penalidades excessivas; 3. Após a implementação do FATCA, cidadãos norte-americanos vivendo fora do país são considerados "tóxicos" pelas instituições financeiras estrangeiras; 4. Os custos de conformidade com o FATCA são maiores que a receita arrecadada durante sua vigência; 5. Encoraja outros países e organizações internacionais a introduzir "apropriações fiscais agressivas", criando encargos adicionais para empresas norte-americanas.

[109] GOULDER, Robert. **For FATCA repeal, it's now or never.** 2017. Disponível em: <https://www.forbes.com/sites/taxanalysts/2017/11/29/for-fatca-repeal-its-now-or-never/#70b008df3ed1>. Acesso em: 08 fev. 2019. À matéria informa que, à época, esperava-se que um senador, conhecido por ser contrário a acordos tributários e sua respectiva cláusula de troca de informações fiscais ente os órgãos de arrecadação, poderia retirar seu apoio à reforma tributária, a menos que o Senado adotasse uma emenda legislativa revogando o FATCA. Mas não foi isso o que aconteceu, e o senador votou favoravelmente à reforma, conforme é possível verificar no registro de votos disponível em: <https://www.senate.gov/legislative/LIS/roll_call_lists/roll_call_vote_cfm.cfm?congress=115&ssessio=1&vote=00303#top>. Acesso em: 08 fev. 2019.

[110] H.R.1 – Disponível em: <https://www.congress.gov/115/plaws/publ97/PLAW-115publ97.pdf>. Acesso em: 14 fev. 2019.

3.4. *Automatic Exchange of Information* (AEOI)

Inicialmente, vale dizer que a *Automatic Exchange of Information*[111] (AEOI) também não foi a primeira iniciativa neste sentido adotada pela OCDE. Em 1998 foi criada a *Convention on Mutual Administrative Assistance in Tax Matters* [Convenção para Assistência Administrativa Mútua em Matéria Tributária, em tradução livre], cuja finalidade é permitir a troca de informações entre os países, incluindo as decorrentes de fiscalizações, bem como auxílio na recuperação de impostos e fornecimento de documentos. Este acordo continua em vigor, com alterações introduzidas em 2010 e conta com cento e vinte e cinco países participantes, segundo informação atualizada até 27 de julho de 2018[112].

Em 2014, o *Global Forum on Transparency and Exchange of Information for Tax Purposes* [Fórum Global para Transparência e Troca de Informações para Fins Fiscais, em tradução livre], órgão da OCDE, desenvolveu, em resposta às demandas do G20, um padrão para a troca automática de informações financeiras para fins fiscais.

Após aprovação pelo conselho da OCDE, foi publicado o *Standard for Automatic Exchange of Financial Account Information in Tax Matters*[113] [Norma para Troca Automática de Informações sobre Contas Financeiras para Questões Tributárias, em tradução livre], um verdadeiro manual sobre a AEOI, que contém o modelo de Acordo entre Autoridades Competentes, o *Common Reporting Standard*[114] (CRS) e suas respectivas explicações e comentários. Nesse documento estão expostos os objetivos visados como o regime de troca de informações, bem como definidas as informações financeiras a serem trocadas, as instituições obrigadas a prestar tais informações, os tipos de contas e contribuintes abrangidos, além das cautelas a serem adotadas na obtenção e fornecimento das informações.

---

[111] Troca Automática de Informações, em tradução livre.
[112] OCDE. **Convention on Administrative Mutual Administrative Assistance in Tax Matters.** Jurisdictions participating in the convention on mutual administrative assistance in tax matters. 27 jul. 2018. Disponível em: <http://www.oecd.org/tax/exchange-of-tax-information/Status_of_convention.pdf>. Acesso em: 05 ago. 2018.
[113] Idem. **Standard for Automatic Exchange of Financial Account Information in Tax Matters, Second Edition.** 27 mar. 2017. Disponível em: <https://www.oecd-ilibrary.org/docserver/9789264267992-en.pdf?expires=1529452894&id=id&accname=guest&checksum=3CDFC0BD5641B2A1F5CCF064D948BE24>. Acesso em: 19 jun. 2018.
[114] Padrão de Declaração Comum, em tradução livre.

De acordo com esse documento, as informações financeiras que devem ser relatadas abrangem diversos tipos de receita de investimento e situações em que o contribuinte procura ocultar capital que a represente. Quanto às pessoas reportáveis, busca informações de indivíduos e, sobretudo, situações utilizadas para evitar tributação através de entidades ou acordos legais, motivo pelo qual as instituições financeiras devem analisar situações de empresas-fantasmas, *trusts* ou similares, incluindo entidades tributáveis para cobrir situações em que o contribuinte procura ocultar o principal, mas está disposto a pagar imposto sobre a renda[115].

Para fins do CRS, são instituições financeiras, obrigadas a prestar informações às autoridades do país em que localizadas, as instituições de custódia, depósito, investimentos e companhias de seguros. Por sua vez, são excluídas da obrigação de prestar informações entidades governamentais, fundos de aposentadoria e pensão (governamentais ou não), bancos centrais, organizações internacionais, veículos de investimentos coletivos isentos, *trusts* (que tenham como administrador instituição financeira obrigada a reportar) e outras entidades que representem baixo risco de serem utilizadas para fins de evasão fiscal, dentre outros[116].

Também foi publicado o Manual de Implementação do CRS[117], um guia prático voltado para instituições financeiras e governos, contendo informações e explicações detalhadas sobre o programa, além de fazer uma comparação entre o CRS e o FATCA.

De acordo com esse manual, são quatro os requisitos para a correta implementação do CRS[118]: 1) tradução das regras de comunicação e diligência para o direito interno; 2) seleção dos fundamentos jurídicos para a troca automática de informações; 3) implementação de infraestrutura e recursos administrativos e de TI; 4) proteção da confidencialidade e segurança dos dados.

---

[115] Idem, p. 12.
[116] Ibidem, p. 45-52. (tradução livre).
[117] Idem. **Standard for Automatic Exchange of Financial Information in Tax Matters: Implementation Handbook**. Disponível em: <http://www.oecd.org/tax/exchange-of-tax-information/implementation-handbook-standard-for-automatic-exchange-of-financial-information-in-tax-matters.pdf>. Acesso em: 21 jun. 2018.
118 Idem, pg. 12. (tradução livre).

São pessoas reportáveis as pessoas físicas ou jurídicas residentes em um país participante do acordo (considerada como tal sob as leis tributárias da respectiva jurisdição), assim como a herança de pessoa falecida que era residente de um país participante. Pessoas jurídicas como sociedades ou similares legais que não tenham residência para fins tributários serão consideradas como residentes na jurisdição em que estiver localizada sua direção efetiva[119]. Estão excluídas deste rol empresas que negociam regularmente em um ou mais mercados de valores mobiliários e suas partes relacionadas, órgãos de governo, organizações internacionais, bancos centrais e instituições financeiras.

O CRS traz uma lista de informações a serem fornecidas mais detalhada se comparada ao FATCA. São elas: 1) nome, endereço, país (ou países) de residência, TIN, data e local de nascimento de cada titular da conta que seja pessoa física reportável, e, no caso de titular pessoa jurídica, adotadas as devidas cautelas, identificar as pessoas físicas controladoras que sejam reportáveis (e fornecer as respectivas informações); 2) número da conta (ou equivalente); 3) nome e número de identificação da instituição financeira reportante; 4) o saldo da conta no final do ano civil ou na data de seu encerramento; 5) no caso de conta de custódia, o valor bruto total dos juros, dividendos e outras receitas, pagos ou creditados na conta durante período do relatório, bem como o produto bruto da venda ou resgate de ativos financeiros pagos ou creditados; 6) no caso de conta de depósito, o montante total bruto de juros pagos ou creditados; 7) em qualquer outro tipo de conta, o valor bruto total pago ou creditado ao titular da conta em relação à qual a instituição financeira reportante seja credora ou devedora, incluindo a quantia agregada de pagamentos de resgate feitos ao titular da conta[120].

Por sua vez, são consideradas contas reportáveis, para fins de CRS, aquelas mantidas por uma ou mais pessoas reportáveis, ou por uma *Non-financial Entity*[121] (NFE) passiva que tenha como controladores uma ou mais pessoas físicas reportáveis[122]. Uma NFE é considerada passiva se mais de 50% de sua receita bruta no ano civil anterior (ou período

---

[119] Ibidem, 2017. p. 57. (tradução livre).
[120] Idem, p. 29.
[121] Entidade Não-financeira (tradução livre).
[122] Idem. p. 38-40.

abrangido pelo relatório) for renda passiva (dividendos, juros, alugueis, royalties etc.) ou se os ativos por ela detidos nesse período produzem ou são mantidos para a produção de renda passiva. Também são consideradas NFEs passivas e, portanto, reportáveis, instituições financeiras de países não participantes do acordo[123].

A participação de um país na AEOI se dá através da assinatura do *Competent Authority Agreement* (CAA) [Acordo entre Autoridades Competentes], que vincula o CRS à base legal de troca de informações, que pode ser um tratado bilateral, o MCAA ou mesmo um acordo assinado no âmbito da Comissão Europeia. Ou seja, não necessariamente um país comprometido com o CRS (e, por consequência, AEOI) faz parte do *Multilateral Competent Authority Agreement* (MCAA) [Acodo Multilateral entre Autoridades Competentes]. Os Estados Unidos, por exemplo, assinaram em 1989 este acordo, que está em vigor no país desde 1995, mas não se comprometeram com o AEOI, tendo em vista a criação do FATCA.

Conforme informação constante no *site* da OCDE, atualizada até 07 de agosto de 2018, cento e três países são signatários dessa Convenção, sendo que quarenta e seis deles acordaram trocar as primeiras informações em setembro de 2018 (inclusive o Brasil), dois em setembro de 2019 e para outros três, as primeiras trocas de informação ocorrerão apenas a partir de setembro de 2020[124].

3.4.1. *Especial Atenção às* NFES *Passivas e* Trusts

A OCDE demonstrou especial atenção às NFEs passivas e aos *trusts*, disciplinando as situações em que os últimos são considerados ou não instituições financeiras.

Antes de prosseguir na análise deste tema, importante esclarecer que o *trust* é um instituto jurídico originário do direito comparado, que não encontra correspondência no direito brasileiro.

---

[123] HSBC. **Glossary of CRS terms**. Disponível em: <https://www.crs.hsbc.com/en/glossary>. Acesso em: 21 jun. 2018. (tradução livre)

[124] OCDE. **Signatories of the Multilateral Competent Authority Agreement on Automatic Exchange of Financial Account Information and intended first information exchange date**. Status as of 7 August 2018. Disponível em: <http://www.oecd.org/tax/exchange-of-tax-information/MCAA-Signatories.pdf>. Aceso em: 29 ago. 2018.

O Manual de Implementação do CRS assim o define:

197. In general terms, a trust is a fiduciary relationship, rather than an entity with its own separate legal personality. The trust arrangement commences when a person (the settlor, or also called the grantor) transfers specific property to the trustee, with the intention that it be applied for the benefit of others (the beneficiaries). A settlor may place any kind of transferrable property into a trust.
198. A trustee holds the legal title to the trust property and has a duty to administer and deal with the trust property in the interests of the beneficiaries. The terms on which the trustee must act for the beneficiaries are determined by the settlor. [...].
199. The parties to a trust must include a settlor, a trustee and at least one beneficiary, and there may be more than one of each. These parties may be natural persons or Entities.[125]

Sem o intuito de aprofundar no tema, vale dizer que um *trust* pode produzir efeitos no Brasil, desde que presentes as características acima, sob pena de configurar crime de evasão de divisas[126].

---

[125] OCDE. *Op. cit.*, p. 77. 197. Em termos gerais, um *trust* é uma relação fiduciária, em vez de uma entidade com personalidade legal própria. O acordo de *trust* tem início quando uma pessoa (o instituidor, ou também denominado cedente) transfere proporiedade específica ao administrador, com a intenção de que esta seja aplicada em benefício de outros (os beneficiários). Um instituidor pode colocar qualquer tipo de propriedade transferível em um *trust*. 198. Um administrador detém o título legal de propriedade do patrimônio do *trust* e tem o dever de administrá-lo e negociá-lo no interesse dos beneficiários. Os termos nos quais o administrador deve agir com os beneficiários é determinado pelo instituidor. [...]. 199. São partes de um *Trust*, necessariamente, um instituidor, um administrador e, ao menos, um beneficiário, sendo possível haver mais de um de cada. Estas partes podem ser pessoas naturais ou jurídicas. (tradução livre).

[126] Nesse sentido: BRASIL. STF. Inq. nº 4146. Relator Min. Teori Zavascki. Brasília. 22.06.2016. Publ. DJE 05.10.2016. Acompanhamento Processual Disponível em: <http://portal.stf.jus.br/processos/detalhe.asp?incidente=4868284>. Acesso em: 20 abr. 2019. [...] 6. Afigura-se suficiente ao recebimento da denúncia a existência de fartos indícios documentais que demonstram que o acusado teria ocultado e dissimulado a origem de valores supostamente ilícitos, mediante a utilização de meios para dificultar a identificação do destinatário final, por meio de depósitos em contas vinculadas a "trusts". 7. A existência de elementos indiciários que indicam a plena disponibilidade econômica sobre os ativos mantidos no exterior, ainda que em nome de *trusts* ou empresas *offshores*, torna imperativa a admissão da peça acusatória pela prática do crime de evasão de divisas. [...].

Considera-se instituição financeira o *trust* cuja principal receita bruta é proveniente de investimento, reinvestimento ou negociação de ativos financeiros e que seja administrado por uma instituição financeira. Neste caso, o *trust* é considerado pessoa não reportável, uma vez que administrado por instituição financeira, que, por sua vez, é obrigada a prestar suas respectivas informações.

Segundo o Manual de Implementação do CRS, se o *trust* for considerado uma NFE, a instituição financeira obrigada a prestar informações deverá analisar se é uma NFE ativa ou passiva. Ainda conforme o manual, apesar de raras, há hipóteses em que um *trust* pode ser classificado como NFE ativa (instituição de caridade regulamentada ou um *trust* comercial que mantém um negócio ativo).

Caso o *trust* seja classificado como uma NFE passiva, a instituição financeira (obrigada a prestar informações) na qual o *trust* mantém conta deve analisá-lo e, caso verifique que este possui um ou mais controladores (instituidor, administrador, beneficiário ou qualquer outra pessoa que tiver controle efetivo sobre o *trust*) classificados como pessoas reportáveis, deverá prestar as informações relativas a estas pessoas.

De forma muito interessante, o manual traz quatro exemplos de esquemas para se identificar os controladores de NFEs passivas e *trusts*, cuja reprodução é bastante interessante para visualização da análise a ser efetuada pelas instituições financeiras. Ressalte-se que este tipo de análise deve ser feita, igualmente, para fins de FATCA, cujo objetivo também é identificar o verdadeiro beneficiário final da riqueza, que pode estar escondido em esquemas dessa espécie.

No primeiro exemplo, a instituição financeira mantém uma conta de OPQ Ltd. (uma *NFE* passiva), cujo capital pertence, em sua totalidade, a LMN (um *trust*), que por sua vez tem dentre um dos beneficiários ABC Ltd., cujo capital social pertence integralmente a uma pessoa física.

FIGURA 2 – Pessoas controladoras de um *trust* na cadeia de propriedade
(Exemplo 1)

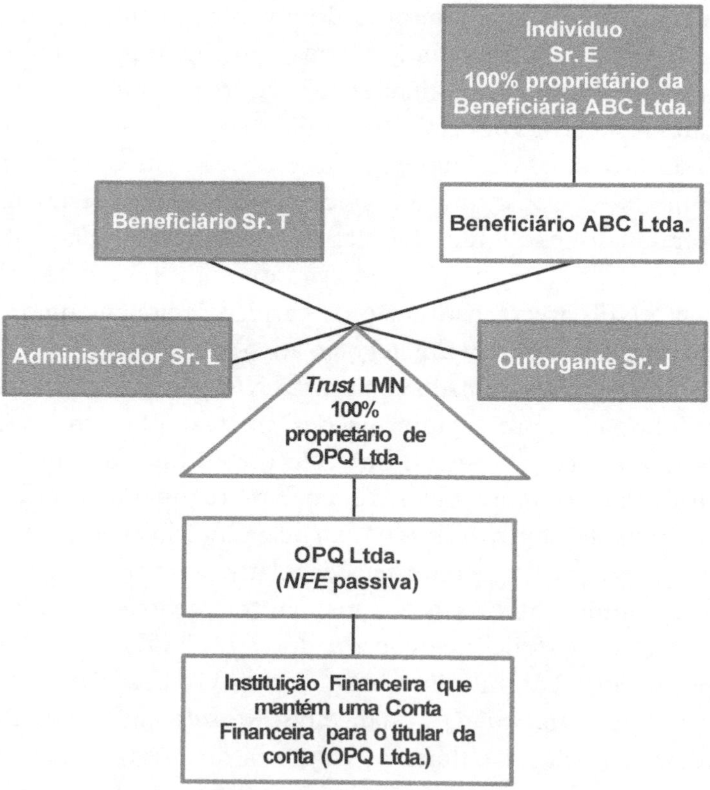

```
                                    ┌──────────────────────┐
                                    │      Indivíduo       │
                                    │        Sr. E         │
                                    │ 100% proprietário da │
                                    │ Beneficiária ABC Ltda.│
                                    └──────────┬───────────┘
                                               │
   ┌──────────────────┐            ┌──────────────────────┐
   │ Beneficiário Sr. T│            │ Beneficiário ABC Ltda.│
   └──────────────────┘            └──────────────────────┘

   ┌──────────────────┐                      ┌──────────────────┐
   │ Administrador Sr. L│                    │  Outorgante Sr. J │
   └──────────────────┘                      └──────────────────┘
                    Trust LMN
                    100%
                    proprietário de
                    OPQ Ltda.

                    ┌──────────────┐
                    │   OPQ Ltda.  │
                    │ (NFE passiva)│
                    └──────┬───────┘
                           │
          ┌────────────────────────────────┐
          │ Instituição Financeira que     │
          │ mantém uma Conta               │
          │ Financeira para o titular da   │
          │ conta (OPQ Ltda.)              │
          └────────────────────────────────┘
```

Fonte: OCDE. 2018. p. 115 (tradução livre)

Considerando-se que a instituição financeira tem o dever de identificar a pessoa controladora de OPQ Ltda. (*NFE passiva*) e sendo esta LMN, um *trust*, deverá, então, identificar os controladores de LMN e de ABC Ltda., já que esta é controlada por um único proprietário.

Desta forma, no esquema apresentado acima, a instituição financeira deve prestar as informações de Sr. L., Sr. T, Sr. J (respectivamente, administrador, beneficiário e outurgante do *trust*) e Sr. E (único proprietário de ABC Ltda., beneficiária do *trust*), identificando, assim, os verdadeiros beneficiários finais de OPQ.

O segundo exemplo apresentado no manual tem como base o primeiro, tendo sido alterado o esquema de propriedade de OPQ Ltda.

Neste caso, o capital de OPQ Ltda. (*NFE* passiva) é dividido entre LMN (*trust*, que detém 80% de seu capital) e ABC Ltd. (que detém 20% de seu capital).

FIGURA 3 – Pessoas controladoras de um *trust* na cadeia de propriedade (Exemplo 2)

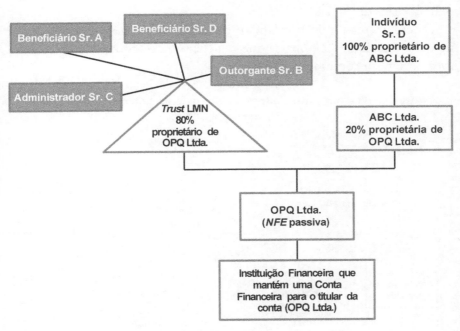

Fonte: OCDE. 2018. p. 118 (tradução livre)

Neste caso, assim como no primeiro exemplo, o primeiro passo é identificar a pessoa controladora de OPQ Ltda., uma *NFE* passiva. Neste caso são dois, sendo 80% do seu capital pertencente a LMN (um *trust*, também considerado *NFE* passiva) e 20% a ABC Ltda.

Neste caso, deve-se aplicar o conceito de controle de participação que, conforme entendimento publicado pela *Financial Action Task Force* (FATF), ocorre quando uma pessoa é detentora de uma participação superior a 25% (o que pode variar conforme a estrutura da companhia)[127].

---

[127] FATF. **International Standards on Combating Money Laundering and the Financing of Terrorism & Proliferation: The FATF Recommendations.** 2018. Disponível em:

SIGILO BANCÁRIO

Assim, a pessoa física controladora de ABC Ltda., ainda que detentora de 100% de seu capital, não precisa ser reportada, pois a participação de ABC Ltda. No capital de OPQ Ltda. é de apenas 20%, não sendo considerada sua controladora.

Portanto, a instituição financeira deve prestar as informações de Sr. C., Sr. B, Sr. A e Sr. D (respectivamente, administrador, outorgante e beneficiários do *trust*).

O terceiro exemplo traz uma estrutura mais complexa, baseada no modelo anterior, e demonstra que nem sempre os controladores de um *trust* devem ser reportados.

FIGURA 4 – Pessoas controladoras de um *trust* na cadeia de propriedade (Exemplo 3)

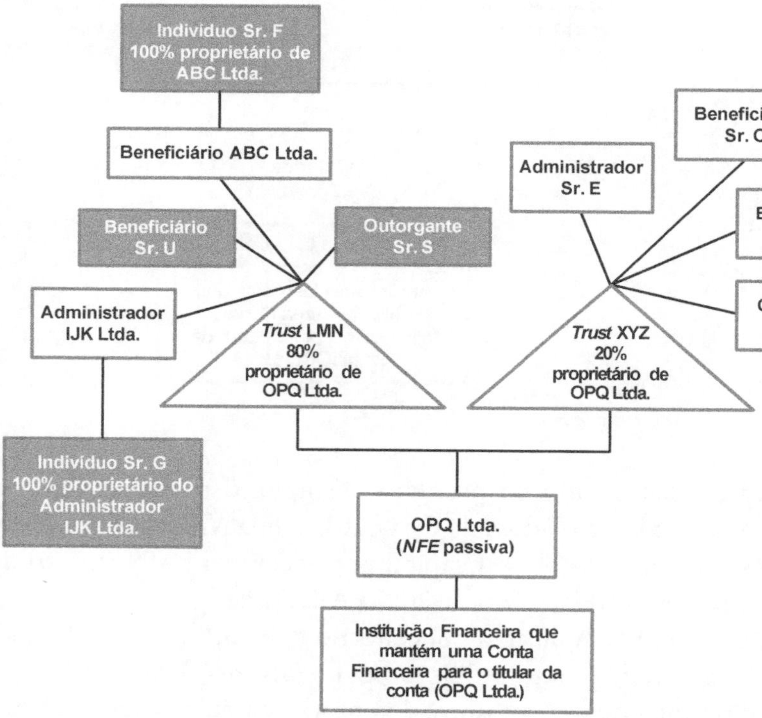

Fonte: OCDE. 2018. p. 119 (tradução livre)

<http://www.fatf-gafi.org/media/fatf/documents/recommendations/pdfs/FATF%20Recommendations%202012.pdf>. Acesso em: 21 jun. 2016. Pg. 59.

Nesse modelo temos dois *trusts* (considerados NFEs passivas) como acionistas de OPQ Ltda., sendo LMN detentor de 80% do seu capital e XYZ detentor de 20%.

Neste caso, mesmo sendo XYZ um *trust* considerado NFE passiva, sua participação em OPQ Ltda. não é considerada de controle, de modo que os controladores de XYZ não precisam ser reportados.

Por outro lado, tendo em vista a participação de 80% do capital, o *trust* LMN (NFE passiva) é considerado controlador, e, portanto, deve ter seus controladores reportados. Mas, nessa estrutura, há mais um nível a ser analisado, eis que o administrador (IJK Ltda.) e um dos beneficiários (ABC Ltda.) de LMN são pessoas jurídicas, cujos controladores devem ser reportados.

Assim, neste caso, a instituição financeira deverá reportar Sr. S e Sr. U (respectivamente outorgante e beneficiário do *trust*), além do Sr. F (detentor de 100% da participação em ABC Ltda., beneficiária de LMN) e Sr. G (também pelo fato de ser controlador, com 100% da participação em IJK Ltda., administrador de LMN).

O quarto modelo traz uma situação completamente nova, em que a instituição financeira mantém a conta de LMN, um *trust* (*NFE passiva*).

Figura 5 – Pessoas controladoras de um trust na cadeia de propriedade
(Exemplo 4)

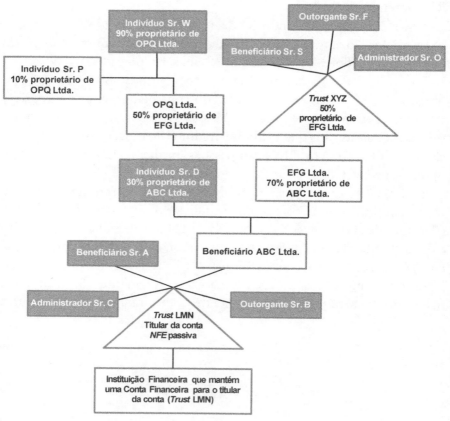

Fonte: OCDE. 2018. p. 120 (tradução livre)

Neste exemplo, pelo fato de o *trust* LMN ser uma *NFE* passiva, a instituição financeira deverá reportar seus controladores, ou seja, Sr. B, Sr. C e Sr. A (respectivamente outorgante, administrador e beneficiário), bem como os controladores e ABC Ltda., sua outra beneficiária.

Analisando-se a estrutura de ABC Ltda., é possível identificar dois acionistas, EFG Ltda., detentora de 70% de seu capital e Sr. D, detentor de 30% de seu capital. Neste nível, deve ser reportado Sr. D, pelo fato de ser controlador de ABC Ltda., tendo em vista sua participação em 30% do capital.

Já na estrutura de EFG Ltda., identificam-se dois acionistas, OPQ Ltda. e o *trust* XYZ, cada qual com participação em 50% do capital. Neste caso, devem ser reportados Sr. F, Sr. O e Sr. S, respectivamente outorgante, administrador e beneficiário de XYZ).

Por fim, ao se analisar a estrutura de OPQ Ltda., são identificados dois acionistas, Sr. P, detentor de 10% de seu capital, e Sr. W, que detém 90% do capital de OPQ Ltda. Neste nível, deve-se reportar somente Sr. W, controlador de OPQ.

Verifica-se, pois, grande preocupação da OCDE com relação a diferentes esquemas que podem ser utilizados para burlar a tributação, fazendo com que as instituições financeiras obrigadas a prestar informações analisem cuidadosamente as situações que se apresentam e identifiquem o beneficiário final dos esquemas, quem, em última análise, pode ser favorecido (por evitar a tributação ou reduzir seu montante total) pela complexidade de um esquema montado.

3.5. Panorama Atual

De acordo com informações do *Financial Secrecy Index*, elaborado pelo *Tax Justice Network* (TJN), um grupo internacional de trabalho independente que analisa a tributação internacional em todos os seus aspectos, entre 21 e 32 trilhões de dólares em riquezas particulares estão localizadas em jurisdições espalhadas em todo o mundo em países que não as tributa ou o faz a alíquotas reduzidas, denominadas jurisdições sigilosas.[128]

O relatório divulgado em janeiro de 2018 analisou cento e doze países e analisou diversos itens para definir um país como sigiloso. Um deles é o índice de sigilo, composto por vinte indicadores divididos em quatro grandes grupos: registro de propriedade, transparência do ente legal, integridade da legislação financeira e tributária e cooperação e padrões internacionais. Dentre os indicadores analisados, merecem menção o sigilo bancário, sigilo da jurisdição fiscal, o registro de propriedade da empresa, o registro de propriedade de *trusts* e fundações, tributação da renda, cooperação internacional e participação na troca automática de informações, que serão agora analisados.

---

[128] Tax Justice Network. **Financial Secrecy Index**. Disponível em: <https://www.financial secrecyindex.com/>. Acesso em: 16 jul. 2018.

Com relação ao sigilo bancário[129], foi apurado que a maioria das jurisdições analisadas (cinquenta e sete por cento) o protege na esfera criminal, enquanto aproximadamente quinze por cento do total não prevê qualquer tipo de proteção às informações bancárias. Analisando, ainda, a disponibilidade de informações relevantes e a possibilidade de acesso a estas, o TJN atribuiu pontos, de zero a cem, para cada país analisado, obtendo o seguinte resultado:

FIGURA 6 – Sigilo bancário – quantidade de países por grau de sigilo

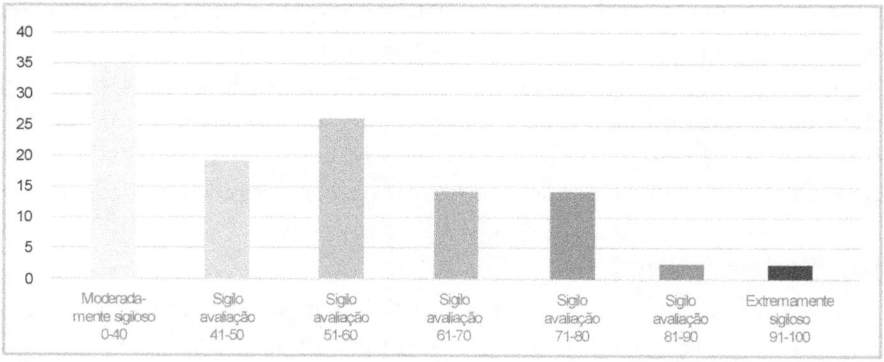

Fonte: TJN. Financial Secrecy Index 2018. Key Financial Secrecy Indicator 1: Bank Secrecy. 2018. p. 5. (tradução livre)

Das cento e doze jurisdições analisadas, apenas trinta e cinco apresentaram sigilo bancário em nível considerado moderado, com pontuação até quarenta, dentre os quais estão os Estados Unidos, com apenas vinte pontos. Por seu turno, o Brasil faz parte do segundo grupo, com cinquenta pontos, enquanto a Suíça está classificada no quinto grupo, com setenta e três pontos.

Itália e Portugal estão no primeiro grupo, com vinte e sete pontos, o primeiro, e trinta e sete pontos, o último, o que confirma a mudança da legislação desses países acima analisada.

Vale dizer que apenas duas jurisdições foram consideradas extremamente sigilosas, a saber, Antígua & Barbuda, com noventa e três pontos e Tanzânia, com cem pontos. Neste caso, é possível aplicar o quanto afir-

---

[129] Ibidem. Key Financial Secrecy Indicator 1: Banking Secrecy. Disponível em: <https://www.financialsecrecyindex.com/PDF/1-Banking-Secrecy.pdf>. Acesso em: 04 ago. 2018.

mado no item 2.3 deste trabalho, relativamente à fiscalização e cumprimento das normas de governança global, pois, como são países que têm pouca participação no mercado financeiro global, não há grandes esforços direcionados a eles a fim de que alterem sua legislação neste tema.

Como se vê, o estudo deste item retrata o que já é bastante conhecido com relação ao sigilo bancário no que diz respeito aos países que o praticam com maior ou menor intensidade.

Entretanto, conforme será verificado a seguir, os demais indicadores alteram substancialmente essa classificação.

Ao analisar o sigilo da jurisdição fiscal[130], o TJN o fez sob duas grandes perspectivas, tendo sidos atribuídos, para cada uma delas, cinquenta pontos. A primeira refere-se ao acesso público aos procedimentos, processos (cíveis ou criminais) e julgamentos da corte em matéria tributária. A segunda refere-se à ampla divulgação, a publicação ou disponibilização *online* dos julgamentos tributários, ou, ainda, que as decisões sejam disponibilizadas a um custo inferior a dez dólares, euros ou libras.

Em tema de sigilo da jurisdição fiscal, o resultado é praticamente o inverso do obtido em relação ao sigilo bancário. Neste item, a maior parte dos países estudados, setenta e dois (dentre eles Alemanha, Ilhas Virgens Britânicas, Liechtenstein e Mônaco), pratica o mais elevado nível de sigilo, acima de setenta e seis por cento, ao passo que apenas cinco deles (Brasil, Estados Unidos, Lituânia República Dominicana e Taiwan) foram classificados com o menor índice, entre zero e vinte e cinco por cento:

---

[130] Ibidem. Key Financial Secrecy Indicator 14: Tax Court Secrecy. Disponível em: <https://www.financialsecrecyindex.com/PDF/14-Tax-Court-Secrecy.pdf>. Acesso em: 04 ago. 2018.

FIGURA 7 – Visão geral da classificação por grau de sigilo da jurisdição fiscal

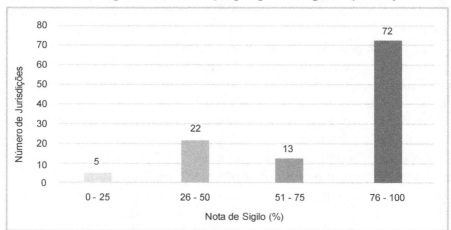

Fonte: TJN. Financial Secrecy Index 2018. Key Financial Secrecy Indicator 14: Tax Court Secrecy. 2018. p. 6. (tradução livre)

Neste tema, o Brasil está no primeiro grupo, com zero ponto nesse quesito, o que significa que não há sigilo das decisões e julgamentos sob o argumento de sigilo bancário, profissional etc. A análise feita pelo TJN considerou os dispositivos constitucionais que disciplinam a publicidade dos atos processuais e permitem ao Judiciário impor sigilo sobre atos específicos em nome da defesa dos direitos de privacidade ou do interesse geral.

Os Estados Unidos estão no mesmo patamar do Brasil, com vinte e cinco pontos, enquanto a Suíça faz parte do terceiro grupo, com setenta e cinco pontos. A elevada pontuação da Suíça se deve ao fato de que somente os processos criminais em matéria tributária recebem ampla divulgação e não são protegidos por sigilo, bem como ao fato de que nem todas as decisões cíveis ou criminais são disponibilizadas *online* na íntegra (segundo o relatório, aparentemente apenas as decisões das Cortes Superiores são publicadas, as decisões das Cortes dos Cantões não).

A Itália está no mesmo patamar que a Suíça, com setenta e cinco pontos, ao passo que Portugal está inserido no segundo grupo, com cinquenta pontos.

Interessante salientar que os setenta e dois países classificados no último grupo receberam pontuação cem, ou seja, há absoluto sigilo em suas jurisdições tributárias, tanto em matéria civil quanto criminal.

Quanto ao registro de propriedade da empresas[131], este indicador analisa se os países exigem de todos os tipos de empresas a apresentação de informações às autoridades governamentais sobre o proprietário legal e o verdadeiro beneficiário, que deve ser sempre uma pessoa física.

Analisando apenas empresas não listadas em bolsas de valores, e adotando como indicadores o fato de haver o registro completo e atualizado das informações sobre o proprietário legal e o verdadeiro beneficiário, o TJN obteve o seguinte resultado:

Figura 8 – Avaliação do sigilo quanto à propriedade das companhias

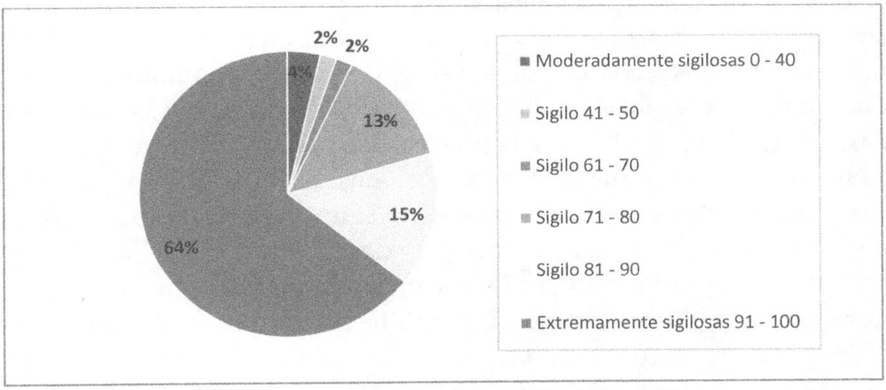

- Moderadamente sigilosas 0 - 40: 2%
- Sigilo 41 - 50: 2%
- Sigilo 61 - 70: 4%
- Sigilo 71 - 80: 13%
- Sigilo 81 - 90: 15%
- Extremamente sigilosas 91 - 100: 64%

Fonte: TJN. Financial Secrecy Index 2018. Key Financial Secrecy Indicator 3: Recorded Company Ownership. 2018. p. 9. Compilação dos dados. (tradução livre)

A grande maioria dos países analisados (setenta e dois) são considerados extremamente sigilosos, porque não detém o completo registro das companhias, enquanto apenas quatro deles foram considerados moderadamente sigilosos – Gana, Ilhas Jersey, Suécia e Uruguai – sendo que este último é considerado o menos sigiloso deles, avaliado com vinte e cinco pontos.

Neste quesito, o Brasil e Portugal encontram-se no mesmo patamar de sigilo, com setenta e cinco pontos, enquanto Estados Unidos e Suíça compõe o grupo dos países extremamente sigilosos, com cem pontos

---

[131] Ibidem. Key Financial Secrecy Indicator 3: Recorded Company Ownership. Disponível em: <https://www.financialsecrecyindex.com/PDF/3-Recorded-Company-Ownership.pdf>. Acesso em: 04 ago. 2018.

cada. Já a Itália foi avaliada com sessenta e cinco pontos, sendo, dentre os países referidos neste trabalho, o que possui o menor nível de sigilo.

Vale mencionar a observação feita no próprio relatório quanto ao fato de que, desde as orientações expedidas em 2015 pelo Parlamento Europeu, para a identificação do beneficiário final com vistas a prevenir a lavagem de dinheiro, muitos países têm alterado sua legislação para exigir a totalidade das informações aqui analisadas, de modo que o próximo relatório poderá ser substancialmente modificado neste quesito, que analisou as informações relativas ao ano de 2017.

Já o registro de propriedade de *trusts* e fundações[132] tem por objetivo analisar se os países possuem um registro central, publicamente acessível de modo *online*, de todos os *trusts* (tanto criados sob a legislação nacional quanto os criados sob legislação estrangeira administrados por um administrador local) e de todos os integrantes de fundações privadas. Além disso, analisa se a legislação dos países previne a criação de *trusts* ou arranjos similares, se proíbe seus residentes de administrar *trusts* criados sob legislação estrangeira, bem como se proíbe a criação de fundações para fins unicamente privados.

Relativamente aos *trusts*, os países foram classificados em quatro grandes grupos: sigilosos (a maioria, grupo integrado por cinquenta e oito países), com registro muito limitado, com registro limitado e com registro completo (apenas três países, a saber: Finlândia, Lituânia e Suécia).

Com relação ao registro de propriedade das fundações, a situação é diferente, pois a grande maioria dos países possui divulgação *online* de seus registros ou não tem previsão legal de *trusts* ou fundações (setenta e seis), enquanto trinta e quatro não apresentam registro ou não o divulgam *online* e apenas dois apresentam divulgação apenas parcial das informações de registro.

Neste quesito, a Suíça é considerada uma jurisdição sigilosa, pois possui companhias que não precisam manter registro de propriedade ou beneficiário, possui ações ao portador e permite a administração de *trusts* estrangeiros. Estados Unidos e Itália possuem um sigilo avaliado em cinquenta pontos (dos cem possíveis), enquanto Brasil e Portugal são os menos sigilosos, avaliados com apenas vinte e cinco pontos.

---

[132] Ibidem. Key Financial Secrecy Indicator 2: Trust and Foundation Register. Disponível em: <https://www.financialsecrecyindex.com/PDF/2-Trusts-Foundations-Register.pdf>. Acesso em: 04 ago. 2018.

Relativamente à tributação da renda[133], o indicador analisa se o país aplica tarifas progressivas ao imposto sobre a renda (assim como faz a maioria), bem como se sua legislação é flexível quando às regras de residência ou cidadania para fins tributários e o alcance do imposto (se atinge todos os ganhos, indistintamente).

Foi avaliado se a legislação do imposto sobre a renda aplica alíquotas superiores a zero igualmente a todos os residentes para fins tributários, se os ganhos inclusive do exterior são tributados, bem como o rigor dos programas de aquisição da cidadania e permissão de residência, sobretudo quanto à possibilidade de sua aquisição através de investimentos no país (sem a necessidade de comprovada presença física).

Neste tema, Suíça, Portugal e Itália apresentam níveis elevados de sigilo, tendo sido classificados com setenta e cinco pontos cada, o que demonstra que não possuem um regime de tributação consistente. Por sua vez, Brasil e Estados Unidos apresentam nível zero de sigilo relativamente a este tema, o que denota a força e abrangência das disposições tributárias nesses países.

Quanto à cooperação internacional[134], o relatório avaliou o quanto os países participam dos compromissos de transparência internacional (convenções da OCDE e ONU), bem como o quanto são comprometidos com a cooperação judicial internacional em tema de lavagem de dinheiro e outros crimes (assistência mútua, facilidade de fornecer informação e possibilidade de extradição).

Em matéria de cooperação internacional, todos os países foram avaliados com baixo nível de sigilo (até sessenta pontos), ou seja, é elevado o nível de comprometimento com a transparência, o que deixa bastante evidente a evolução do pensamento a respeito do tema noticiada anteriormente.

Neste tema, o TJN avaliou que Portugal não pratica sigilo (zero pontos), enquanto Brasil e Itália apresentam muito reduzido nível de sigilo, avaliado em quatorze pontos. Por sua vez, a Suíça apresenta sigilo avaliado

---

[133] Ibidem. Key Financial Secrecy Indicator 12: Consistent Personal Income Tax. Disponível em: <https://www.financialsecrecyindex.com/PDF/12-Consistent-Personal-Income-Tax.pdf>. Acesso em: 04 ago. 2018.
[134] *Ibidem*. Key Financial Secrecy Indicator 20 International Legal Cooperation. Disponível em: <https://www.financialsecrecyindex.com/PDF/20-Intl-Legal-Cooperation.pdf>. Acesso em: 04 ago. 2018.

em vinte e três pontos, ao lado dos Estados Unidos, que apresentam o maior nível de sigilo neste tema, dentre os países analisados neste trabalho, avaliado em vinte e seis pontos.

O último dos quesitos expostos neste trabalho, a participação na troca automática de informações[135], avalia a participação dos países no AEOI.

Para esta avaliação, foram analisadas a adesão ao MCAA, a quantidade de países com que aceitou trocar informações, a data de início da troca de informações e outras situações que podem embaraçar a efetiva troca de informações mesmo no âmbito do MCAA.

Neste tema, os Estados Unidos foram avaliados como país extremamente sigiloso, com cem pontos, pelo fato de que não assinaram o MCAA, uma vez que possuem o seu próprio programa de recebimento de informações, o FATCA.

Itália e Portugal, ao contrário, são países que não praticam este sigilo, ambos avaliados com zero pontos, ou seja, assinaram o MCAA e não opuseram nenhuma restrição à troca de informações.

Por seu turno, o Brasil foi avaliado como moderadamente sigiloso, com trinta e quatro pontos enquanto a Suíça foi avaliada com grau elevado de sigilo, com setenta e sete pontos. A diferença entre os dois países reside, basicamente, na quantidade de países com os quais concordaram em trocar informações – o Brasil com cinquenta e sete países, enquanto a Suíça com apenas trinta e nove.

Outro indicador utilizado para avaliar o nível de sigilo de um país é a importância (da participação) do país no mercado de serviços financeiros prestados a clientes não residentes. Para avaliar esta participação, o TJN analisou, além do comércio de serviços financeiros, itens como os investimentos estrangeiros diretos e o comércio de serviços e mercadorias. Neste tema, os Estados Unidos ocupam a primeira posição, com 22,30% da participação, seguidos pelo Reino Unido e Luxemburgo, com 17,37% e 12,13% da participação, respectivamente. Conforme essa análise, a Suíça ocupa a sexta posição no mercado de serviços financeiros prestados a não residentes, com apenas 4,50% de participação.

---

[135] *Ibidem*. Key Financial Secrecy Indicator 18: Automatic Information Exchange. Disponível em: <https://www.financialsecrecyindex.com/PDF/18-Automatic-Info-Exchange.pdf>. Acesso em: 04 ago. 2018.

Ao final desse estudo, o TJN compilou todas as informações e, analisadas em conjunto, obteve um resultado que pode parecer surpreendente.

De acordo com o FSI, a Suíça é o país mais sigiloso do mundo, avaliada com setenta e seis pontos, seguida pelos Estados Unidos, avaliados com sessenta pontos. A Itália é o quadragésimo primeiro país nessa classificação, com quarenta e nove pontos, Portugal é o sexagésimo quarto, com cinquenta e cinco pontos enquanto o Brasil é o septuagésimo terceiro classificado, com quarenta e nove pontos.

Conforme o relatório deixa bastante claro, a classificação do nível de sigilo de um país não depende, exclusivamente, do fato de praticar ou não o sigilo bancário. O registro de propriedade das empresas, assim como a identificação do beneficiário final (sobretudo estrangeiros), grandes preocupações demonstradas acima pelas cartilhas de implementação do AEOI e o FATCA, são grandes ferramentas que auxiliam na ocultação de riquezas *offshore*.

No relatório descritivo sobre a Suíça, o TJN traz uma informação interessante a respeito da importância do país com relação à gestão de ativos estrangeiros e serviços financeiros:

> Switzerland is the grandfather of the world's tax havens, one of the world's largest offshore financial centres, and one of the world's biggest secrecy jurisdictions or tax havens. According to the Swiss Bankers' Association banks in Switzerland hold CHF 6.65 trillion ($6.5 trillion) in assets under management, of which 48 percent originated from abroad: this made Switzerland the world leader in global cross-border asset management, with a 25 percent share of that market. [...].
> In addition to asset management and wealth management, Switzerland hosts services such as investment banking, insurance and reinsurance, hedge funds and private equity, corporate tax avoidance structures, offshore companies and trust administration, and plenty more. [...].
> Financial services make up over 10 percent of GDP, according to OECD data: more than twice the European Union average, and total banking assets were estimated in 2015 at 467 percent of Swiss GDP, one of the highest in the world. Banking looms especially large in the Swiss economy: more so than in almost any other major country. Given this dominance, with UBS and Credit Suisse accounting for about half of all Swiss banking

assets, it is hardly surprising that a strong 'financial consensus' inhibits domestic criticism of the financial centre: Switzerland is similar in this respect to many offshore financial centres.

Though Switzerland has made several improvements to its secrecy regime in recent years, following concerted pressure from the United States, the European Union and others, the concessions it has made – nearly always in response to pressure against Swiss banks, rather than against Switzerland itself – can to some degree be summarised as "white money for rich and powerful countries; black money for vulnerable and developing countries." So, the Swiss will exchange information with rich countries if they have to, but will continue offering citizens of poorer countries the opportunity to evade their taxpaying responsibilities. These factors, along with ongoing aggressive pursuit of financial sector whistleblowers (resorting at times to what appear to be non-legal methods) are ongoing reminders of why Switzerland remains the most important secrecy jurisdiction in the world today.[136]

---

[136] Ibidem. Narrative Report on Switzerland, p. 1. Disponível em: <https://www.financialsecrecyindex.com/PDF/Switzerland.pdf>. Acesso em: 04 ago. 2018. A Suíça é o avô dos paraísos fiscais do mundo, um dos maiores centros financeiros *offshore* e uma das maiores jurisdições ou paraísos fiscais do mundo. Segundo a Associação dos Banqueiros Suíços, os bancos suíços detêm CHF 6,65 trilhões (US$ 6,5 trilhões) em ativos sob gestão, dos quais 48% originados no exterior: a Suíça é líder mundial em gestão de ativos globais, com 25% desse mercado. [...].
Além da gestão de ativos e gestão de patrimônio, a Suíça abriga serviços como banco de investimento, seguros e resseguros, fundos de *hedge* e *private equity*, estruturas de evasão fiscal corporativa, empresas *offshore* e administração de *trusts*, e muito mais. [...].
Os serviços financeiros representam mais de 10% do PIB, segundo dados da OCDE: mais que o dobro da média da União Europeia, e os ativos bancários totais foram estimados em 2015 em 467% do PIB suíço, um dos mais altos do mundo. Os negócios bancários são especialmente grandes na economia suíça: mais do que em praticamente qualquer outro país importante. Dado esse domínio, com o UBS e o Credit Suisse respondendo por cerca de metade de todos os ativos bancários suíços, não é de surpreender que um forte "consenso financeiro" impeça críticas internas: a Suíça é semelhante nesse aspecto a muitos centros financeiros *offshore*.
Embora a Suíça tenha feito várias melhorias em seu regime de sigilo nos últimos anos, após a pressão dos Estados Unidos, União Europeia e outras, as concessões que fez – quase sempre em resposta à pressão contra os bancos suíços, e não contra a própria Suíça – podem, até certo ponto, ser resumidas como "dinheiro limpo para países ricos e poderosos; dinheiro sujo para os países vulneráveis e em desenvolvimento." Assim, os suíços trocarão informações com os países ricos se tiverem que fazê-lo, mas continuarão a oferecer aos cidadãos de

A classificação dos Estados Unidos como o segundo país em matéria de sigilo mostra uma contradição na atitude do país, sobretudo quando analisadas as ações adotadas contra a Suíça no escândalo de evasão fiscal de 2008, que será estudado adiante, bem como a criação e implementação do FATCA. Ao contrário da Suíça, que mantém uma legislação de proteção ao sigilo bancário, os Estados Unidos não o protegem, mas, por outro lado, possuem uma legislação que acaba favorecendo a ocultação de capital estrangeiro através de empresas.

Sobre o tema, o TJN afirma:

> The U.S. provides a wide array of secrecy and tax-free facilities for non-residents, both at a Federal level and at the level of individual states. Many of the main Federal-level facilities were originally crafted with official tolerance or approval, in some cases to help with the U.S. balance of payments difficulties during the Vietnam War; however some facilities – such as tolerance by states like Delaware or Nevada of highly secretive anonymous shell companies – are more the fruit of a race to the bottom between individual states on standards of disclosure and transparency.
>
> While the United States has pioneered powerful ways to defend itself against foreign tax havens, it has not seriously addressed its own role in attracting illicit financial flows and supporting tax evasion. It is currently a jurisdiction of extreme concern for global transparency initiatives: instead of agreeing to join and comply with the emerging global standard of multilateral information exchange, the OECD Common Reporting Standards (CRS), it has stuck with its own FATCA model (see below), which does not appear to mesh with the CRS despite technical similarities. Washington's independent-minded approach risks tearing a giant hole in international efforts to crack down on tax evasion, money laundering and financial crime.[137]

---

países mais pobres a oportunidade de fugir de suas responsabilidades de contribuinte. Esses fatores, juntamente com a contínua busca agressiva de denunciantes do setor financeiro (recorrendo às vezes ao que parecem ser métodos não legais) são lembretes contínuos de por que a Suíça continua sendo a jurisdição de sigilo mais importante do mundo atualmente. (tradução livre)

[137] Ibidem. Narrative Report on USA, p. 1. Disponível em: <https://www.financialsecrecyindex.com/PDF/USA.pdf>. Acesso em: 04 ago. 2018. Os EUA fornecem uma ampla gama de facilidades de sigilo e isenção de impostos para não residentes, tanto em nível federal quanto em nível estadual. Muitos dos principais benefícios em nível federal foram originalmente

Este é, segundo o relatório do TJN, elaborado a partir de informações da OCDE, FATF, Diretivas da União Europeia e outros documentos oficiais, o atual panorama mundial em tema de sigilo das informações financeiras.

O que se denota de toda a evolução legislativa reportada no início deste capítulo é que, para que se alcance de forma efetiva, o fim do sigilo das informações financeiras que permita a correta tributação da riqueza por parte dos países, com a correta identificação dos respectivos sujeitos passivos tributários, não basta que se modifique ou exclua o sigilo bancário, ou se altere o regime tributário.

Um país pode até mesmo estar em conformidade com esses requisitos, entretanto, se tiver em sua legislação hipóteses de empresas de propriedade estrangeiras serem ali instaladas sem o registro de seus proprietários ou beneficiários, não fiscalizar e reprimir a criação de empresas fantasmas e não participar da troca de informações para fins fiscais (sobretudo através da AEOI), ele pode ser considerado com elevado nível de sigilo e, portanto, prejudicial na busca global de transparência para fins tributários.

---

criados com tolerância ou aprovação oficial, em alguns casos para ajudar nas dificuldades da balança de pagamentos dos Estados Unidos durante a Guerra do Vietnã; no entanto, alguns benefícios – como a tolerância de Estados como Delaware ou Nevada em relação a empresas-fantasmas anônimas altamente secretas – são uma postura negativa entre os Estados norte-americanos em padrões de divulgação e transparência.
Embora os Estados Unidos tenham sido pioneiros em formas poderosas de se defender de paraísos fiscais estrangeiros, o país não abordou seriamente seu próprio papel na atração de fluxos financeiros ilícitos e apoiar a evasão fiscal. Atualmente, é uma jurisdição de extrema preocupação para iniciativas de transparência global: em vez de concordar em aderir e cumprir o emergente padrão global de troca multilateral de informações, o CRS da OCDE, criou seu próprio modelo FATCA, que não parece interagir com o CRS apesar das semelhanças técnicas. A abordagem independente de Washington corre o risco de causar um enorme buraco nos esforços internacionais para reprimir a evasão fiscal, lavagem de dinheiro e o crime financeiro. (tradução livre).

4. Evolução do Tema na Suíça

Localizada em meio a grandes países europeus que historicamente estavam envolvidos em batalhas, a Confederação Helvética conseguiu ter reconhecida sua independência e neutralidade em relação ao Sacro-Império Romano-Germânico durante a Guerra dos Trinta Anos (1618 e 1648). Esse é considerado o primeiro registro da neutralidade suíça, o que não foi respeitado pela França, que invadiu seu território em 1798[138].

Após a queda de Napoleão, em 1814, as potências europeias buscaram se recompor e, em 1815, no Congresso de Viena, asseguraram à Suíça neutralidade permanente, bem como a integridade e inviolabilidade de seu território[139].

Segundo o historiador Olivier Meuwly, no século XIX, a neutralidade era considerada apenas uma consequência da independência suíça, mas o povo compreendeu ser ela uma boa forma de não precisar escolher qual lado apoiar, tanto na guerra franco-prussiana de 1870 como na Primeira Guerra Mundial[140].

---

[138] PAUCHARD, Olivier. O dia em que a Suíça se tornou neutra. **Swissinfo.ch**. 20 mar. 2015. Disponível em: <https://www.swissinfo.ch/por/politica/congresso-de-viena_o-dia-em-que--a-suíça-se-tornou-neutra/41320550>. Acesso em: 23 jun. 2018.

[139] SUÍÇA. General Secretariat GS-FDFA. Federal Department Of Foreign Affairs FDFA. **On the way to becoming a federal state (1815–1848)**. 2017. Disponível em: <https://www.eda.admin.ch/dam/PRS-Web/en/dokumente/weg-bundesstaat_EN.pdf>. Acesso em: 23 jun. 2018. (tradução livre).

[140] PAUCHARD, Olivier. Op. Cit., p. 3.

Essa neutralidade Suíça teve reflexos, inclusive, na atividade bancária, reconhecida à época pelo sigilo, que teve início, em nível federal, em 1934, com o artigo 47 da Bundesgesetz über die Banken und Sparkassen (Bankengesetz, BankG)[141].

Durante a Segunda Guerra Mundial, muitos estrangeiros buscaram abrigo na Suíça, levando consigo grandes somas de dinheiro, as quais foram depositadas nos bancos suíços[142], que conseguiram resistir aos artifícios empregados pelos agentes de Hitler durante o III Reich para descobrir tais contas, assim como às investidas dos países aliados (Estados Unidos, Reino Unido, União Soviética e França), que queriam saber o montante de capital alemão depositado[143].

Importante mencionar a consideração feita por Oscar Knap, embaixador da Suíça no Brasil a respeito dos depósitos e negócios realizados com a Alemanha durante a guerra:

> O Banco Nacional Suíço continuou suas transações em ouro com o exterior durante a guerra. Era questão de sobrevivência. No entanto, será conveniente observar que elas foram mais intensas com os aliados (US$ 1,8 bilhão) do que com a Alemanha (US$ 1,2 bilhão).
>
> A questão da transferência do ouro nazista foi negociada após a guerra, no âmbito do Acordo de Washington. Dando sequência às negociações, a Suíça indenizou os aliados, que declaram que 'todas as reclamações sobre o ouro adquirido da Alemanha pela Suíça durante a guerra foram saldadas'.[144]

Não obstante todo o questionamento havido à época, o sigilo bancário permanece disciplinado na legislação do país, que considera legal, também, a existência das chamadas contas numeradas, nas quais o nome

---

[141] SUÍÇA. Bundesgesetz über die Banken und Sparkassen (Bankengesetz, BankG), vom 8. November 1934 (Stand am 1. Januar 2016). Der Bundesrat. Disponível em: <https://www.admin.ch/opc/de/classified-compilation/19340083/index.html>. Acesso em: 24 jun. 2018. Lei Federal sobre Bancos e Caixas Econômicas. (tradução livre).
[142] COVELLO, 2001 apud CHAMMAS, Rubens Nora. **Sigilo Bancário no Direito Comparado**. In: _____. **Sigilo Bancário e Justiça Fiscal**. 2006. Dissertação (Mestrado em Direito) – Universidade Estácio de Sá, Rio de Janeiro, 2006. P. 125.
[143] ABRÃO, Nelson, op. cit., p. 57.
[144] KNAPP, Oscar. Órfãos do conhecimento histórico. **Folha de S. Paulo**, São Paulo, 31 out. 1997. Opinião, pg. 3. Disponível em: < https://www1.folha.uol.com.br/fsp/opiniao/fz311010.htm>. Acesso em: 24 jun. 2018.

do titular é substituído por números. Vale dizer que, ao contrário do que se afirma a respeito dessas contas, elas não são anônimas, pois os bancos estão sujeitos às regras *Know Your Client* (KYC), recomendadas pelo Comitê da Basiléia[145], bem como pelas exigências de conhecer a origem do dinheiro e o beneficiário final, contidas no *Anti-Money Laundering Act*[146].

Essas práticas, aliadas ao fato de existirem alguns regimes tributários considerados privilegiados, por aplicarem alíquotas consideradas baixas, fizeram com que a Suíça fosse considerada pela OCDE e por diversos Estados como um país de tributação favorecida, situação essa que foi fortemente defendida e justificada pelas autoridades suíças, conforme manifestação de abstenção[147] em aprovar o relatório e adotar suas recomendações.

Em sua manifestação, o representante da Suíça primeiramente expôs que o país adota um regime aberto e transparente de tributação com alíquotas moderadas, que considera positivo um certo grau de competição em matéria tributária e que a Suíça, assim como outros países, está sujeita a sofrer consequências prejudiciais em relação a regimes agressivamente favorecidos. Afirmou, ainda, que o país concordou com a elaboração do relatório Harmful Tax Competition, mas pondera que não concorda com o resultado do trabalho, que reputa parcial e desproporcional, e passou a tecer suas análises.

Criticou, então, o fato de o relatório visar apenas atividades geograficamente móveis (atividades financeiras e outros serviços), sem considerar importantes fatores não fiscais que interferem na competitividade econômica, assim como o fato de utilizar como critério para identificação de regimes fiscais prejudiciais o fato de um país aplicar alíquotas de impostos mais baixas que outros, o que acabaria por proteger países com elevados níveis de tributação, em contrariedade à filosofia econômica da OCDE.

---

[145] BANK FOR INTERNATIONAL SETTLEMENTS (BIS). **Customer due diligence for banks.** Outubro, 2001. Disponível em: <https://www.bis.org/publ/bcbs85.pdf>. Acesso em: 24 jun. 2018. p. 5.

[146] SUÍÇA. Federal Act on Combating Money Laundering and Terrorist Financing (Anti-Money Laundering Act, AMLA). 10 out. 1997. **Der Bundesrat.** Disponível em: <https://www.admin.ch/opc/en/classified-compilation/19970427/201601010000/955.0.pdf>. Acesso em: 24.06.2018. p.

[147] OCDE. **Harmful Tax Competition: An Emerging Global Issue**, 1998. p. 76-78.

A Suíça se mostrou contrária, também, à abordagem utilizada no relatório, sob a alegação de que ele não tem a capacidade de aproximar de suas diretrizes os países cuja economia é baseada na atração de impostos (centros *offshore*) a participarem das novas diretrizes de regulamentação apresentadas, sendo, portanto, ineficaz quanto a estes.

Criticou, ainda, o fato de o relatório ignorar a diversidade estrutural dos regimes fiscais e ter adotado como única solução a troca de informações, sem considerar os sistemas de retenção, que apresentam custos administrativos menores. Neste ponto, afirmou: "A Suíça considera que é legítimo e necessário proteger a confidencialidade de dados pessoais. A este respeito, o Relatório e Recomendações estão, em certos aspectos, em conflito com o sistema legal suíço."[148]

Verifica-se, portanto, em 1998, uma postura muito forte da Suíça de defesa do sigilo bancário praticado no país, em resistência à pretendida troca automática de informações. À época, o Ministro das Finanças suíço afirmou aos oponentes do sigilo bancário praticado no país que este seria "uma noz muito difícil de quebrar"[149].

A Suíça conseguiu manter o sigilo bancário nos moldes tradicionais por aproximadamente uma década após esse Relatório. Entretanto, um conjunto de acontecimentos que denotaram a dependência econômica da Suíça em relação a um de seus bancos, o UBS, bem como a dependência deste em relação ao mercado de dólar norte-americano, deu origem a uma radical mudança de postura, o que praticamente obrigou o governo suíço a concordar em aderir à troca automática de informações e, consequentemente, abrir mão de seu tradicional sigilo bancário.

Atualmente o sigilo bancário permanece assegurado na Suíça, através do citado artigo 47 da *Bundesgesetz über die Banken und Sparkassen (Bankengesetz, BankG)*, que prevê pena de detenção e multa para quem revelar o segredo, penalidade esta que é majorada conforme o ato seja negligente, intencional ou se da revelação do segredo o agente tiver alguma vantagem patrimonial.

---

[148] Idem. pg. 77. Switzerland considers that it is legitimate and necessary to protect the confidentiality of personal data. In this respect, the Report and Recommendations are, in certain aspects, in conflict with the Swiss legal system. (tradução livre)

[149] EMMENEGGER, op. cit., p. 2. A nut too hard to crack. (tradução livre).

Vale dizer que tais normas obrigam somente diretores, funcionários e auditores de bancos, sendo prevista exceção para a obrigação de prestar informações às autoridades e testemunhar em juízo.

4.1. O Escândalo de Evasão Fiscal

Com a implementação do regime QI pelos Estados Unidos, os bancos suíços encontraram grande dificuldade de atuação relativamente às normas de sigilo bancário vigentes no país, pois, se oferecessem títulos norte-americanos a clientes norte-americanos, seriam obrigados a fornecer as informações desses clientes, em contrariedade à legislação suíça.

Entretanto, como afirma Emmeneger[150], havia uma lacuna na norma do QI, que permitia que uma pessoa jurídica fosse considerada beneficiária de uma conta. Constatada essa lacuna, o banco UBS encontrou uma forma de continuar a atender normalmente seus clientes norte-americanos que tinham títulos norte-americanos, mas não queriam ter suas informações financeiras fornecidas aos Estados Unidos. Auxiliou esses clientes a movimentar seus fluxos financeiros através de *offshores*, *trusts* e fundações, o que, feito com a exclusiva finalidade de evitar tributação, não encontra amparo em qualquer legislação acerca do tema.

Esse esquema durou até 2007, quando um antigo funcionário do banco decidiu fornecer às autoridades norte-americanas informações detalhadas a respeito da prática do banco UBS de auxiliar seus clientes norte-americanos a furtarem-se das regras de reporte do regime QI.

Em julho de 2008, representantes do banco UBS participaram de uma audiência no Senado norte-americano e admitiram a prática ilegal; entretanto, afirmaram que não era uma prática do banco, mas de apenas alguns de seus gerentes. Havia uma constante ameaça de indiciamento criminal do banco, o que poderia colocar em risco sua existência, vez que, nos Estados Unidos, indiciar criminalmente um banco pode significar graves danos à sua reputação, com levantamentos dos depósitos bancários, possibilidade de revogação de licenças ou até sua exclusão do mercado norte-americano.

Nesse período, um tribunal norte-americano autorizou que o IRS intimasse o banco UBS a fornecer informações de dezenove mil clientes, o que foi recusado pela Suíça, sob o argumento de suas normas de

[150] Ibidem, p. 7-9.

sigilo bancário. Ao final de 2008, o *Department of Justice* (DoJ) ofereceu ao UBS um acordo, no qual o banco admitia ter auxiliado os clientes norte-americanos a evitar o pagamento de impostos, pagar uma multa de US$780 milhões (em multas, juros e restituições) e divulgar informações de aproximadamente 250 clientes (contas, investimentos e, inclusive, as denominadas *offshore*, que beneficiariam indiretamente cidadãos americanos). O governo suíço afirmou que aceitaria o acordo, mas que ainda teria problemas com suas normas de sigilo bancário. Ante essa postura, o DoJ, em fevereiro de 2009, ameaçou indiciar o banco, ao que a *Swiss Financial Market Supervisory Authority* (FINMA), utilizando seus poderes de ação emergencial, concordou em suspender os regulamentos de sigilo bancário e enviar as informações solicitadas.

À época, o governo suíço afirmou que a FINMA tinha bons motivos para agir dessa forma, pois o indiciamento criminal poderia provocar a falência do banco UBS e, consequentemente, causar graves consequências econômicas para o país.

Logo após a assinatura do acordo, o banco UBS foi surpreendido com nova intimação para fornecer informações de outros cinquenta e dois mil clientes. Com essa nova intimação, em agosto de 2009 a Suíça decidiu entrar em acordo com os Estados Unidos para fornecer informações de aproximadamente quatro mil, e quinhentos clientes e analisar os pedidos de informações já encaminhados.

O que se nota da narrativa é o alto nível de criticidade do problema, o que permite afirmar que a prática considerada desleal de um de seus bancos obrigou a Suíça a mudar seu posicionamento e celebrar um acordo de colaboração com o governo dos Estados Unidos da América, primeiramente com relação aos clientes do UBS, e, posteriormente, com relação a todos os bancos.

Conforme afirmado anteriormente, isso tudo somente ocorreu em razão da dependência econômica, uma força capaz de se impor sobre os demais participantes da relação. Neste caso, a dependência econômica se fez presente em dois aspectos: do banco UBS relativamente ao mercado de dólar norte americano e da Suíça em relação ao banco UBS.

A dependência econômica do banco UBS em relação ao mercado de dólar norte americano levou o banco a acordar no pagamento do montante total mencionado, bem como fornecer informações sobre seus clientes porque, caso não concordasse com os termos do acordo proposto, ele seria proibido de operar nesse mercado, o que, nos dias atuais, se mostra praticamente impossível, uma vez que a maioria das transações internacionais é feita através do mercado de dólar norte-americano, independentemente da moeda corrente nos países de origem e destino da transação. Tal proibição levaria, inevitavelmente, à quebra do banco.

Já a dependência econômica da Suíça em relação ao banco UBS se dava pelo fato de que, à época do escândalo, este banco possuía, em ativos, um montante equivalente a três vezes o produto interno bruto da Suíça. Portanto, se o banco não fornecesse as informações exigidas pelas autoridades fiscais norte-americanas, correria o risco de quebrar, o que, por consequência, traria graves prejuízos à economia do país.

Sobre o tema, Emmeneger afirma:

[...] we demonstrate that improvements in international tax cooperation always started with US authorities exercising pressure on Swiss banks, in response to which the Swiss government made targeted concessions. These bilateral concessions then served as focal points for collective action, to which Switzerland responded by begrudgingly making similar, although not necessarily identical, concessions to all OECD member states. After these multilateral concessions, the sequence started over. While US investigations continued after the UBS DPA to include further Swiss banks, the Swiss government tried to maintain banking secrecy and, thus, made only targeted concessions. However, this strategy failed because the US continued to request further bilateral concessions.[151]

Portanto, o caso da Suíça demonstra que os acordos de cooperação celebrados nem sempre são feitos em condições de ampla liberdade e independência. E essa análise pode ser estendida aos demais acordos de

---

[151] Ibidem, p. 10. [...] nós demonstramos que as melhorias na cooperação fiscal internacional sempre começaram com as autoridades norte-americanas exercendo pressão sobre os bancos suíços, em resposta às quais o governo suíço fez concessões específicas. Essas concessões bilaterais serviram então como ponto de referência para a ação coletiva, às quais a Suíça respondeu fazendo concessões semelhantes, embora não necessariamente idênticas, a todos os países membros da OCDE. Depois dessas concessões multilaterais, a sequência recomeçou. Enquanto as investigações dos Estados Unidos continuaram após acordo do UBS incluir outros bancos suíços, o governo suíço tentou manter sigilo bancário e, assim, fez apenas concessões direcionadas. No entanto, esta estratégia falhou porque os EUA continuaram a solicitar novas concessões bilaterais.

colaboração, inclusive aqueles feitos no âmbito da OCDE, que, de alguma forma, acaba por exercer certa pressão sobre países, que preferem aderir a tais acordos em nome de evitar o risco de figurar em listas negras, dessa Organização ou de outros países. É possível questionar, neste ponto, qual a origem da legitimidade do poder exercido pelos participantes desses acordos e em que medida esse poder de barganha poderia ser utilizado.

4.2. Posição Atual do País com Relação ao Sigilo Bancário

Atualmente, a Suíça comprometeu-se a fornecer informações aos Estados Unidos através da assinatura do Modelo 2, bem como a sessenta países no âmbito do AEOI.

Fato curioso é que, mesmo diante de todos os acontecimentos, grande parte de seus cidadãos e políticos preferem manter o sigilo bancário internamente, de modo que o sigilo bancário dos seus cidadãos restou preservado.

Nesse cenário, os bancos Suíços vão fornecer informações sobre seus clientes estrangeiros às autoridades suíças, que as repassarão aos respectivos países (exceto no caso dos Estados Unidos, em que a informação será fornecida diretamente pelos bancos à autoridade fiscal norte-americana), ao passo que o governo federal e os governos cantonais não terão acesso às informações bancárias de seus cidadãos (com relação aos quais o sigilo será mantido).

Após a assinatura dos acordos de troca ou fornecimento de informações, houve a intenção, por parte do governo, de alterar o código penal a fim de intensificar a punição da sonegação fiscal.

Ante essa proposta, o movimento denominado "yes to the protection of the private sphere" [sim à proteção da esfera privada] buscava, desde 2013, proibir a troca automática de informações financeiras dentro das fronteiras da Suíça. Para isso, colheu assinaturas suficientes para enviar ao parlamento uma proposta de votação popular (em nível nacional) a respeito da manutenção do sigilo bancário dos clientes suíços na esfera doméstica.[152]

---

[152] VOTERS to have final say on domestic banking secrecy. **Swissinfo.ch**. [s.i.], p. 1-2. 25 set. 2014. Disponível em: <https://www.swissinfo.ch/eng/people-s-initiative_voters-to-have-final-say-on-domestic-banking-secrecy/40800434>. Acesso em: 05 ago. 2018.

Em dezembro de 2017 o Senado, acompanhando decisão do Conselho de Representantes, aprovou resolução convidando o Conselho Federal a abandonar a intenção de alterar o código penal nos casos de evasão fiscal.[153]

No início de janeiro de 2018, foi anunciado que o governo abandonou a proposta de intensificar a legislação contra os sonegadores fiscais, bem como a retirada da proposta de levar à votação popular a proteção do sigilo bancário no âmbito interno.[154]

Assim, na Suíça, os cantões continuam a ter acesso restrito às informações bancárias, apenas em casos graves de suspeita de evasão fiscal mediante autorização judicial específica. E as informações fornecidas pelos cidadãos em suas declarações para o imposto sobre a renda somente podem ser utilizadas para fins tributários, não podem ser fornecidas a outras autoridades.

Relativamente à troca de informações para fins fiscais, o país assinou diversos acordos de colaboração, tanto com países membros da OCDE quanto com não membros dessa Organização, sendo que parte desses acordos passou a vigorar em 2017 e outra parte terá vigência a partir de 2018.

Preocupado com o tratamento dispensado às informações obtidas através do AEOI, o parlamento suíço avaliou os países com os quais foram assinados os acordos para troca de informações e decidiu, em setembro de 2017 (com relação aos países cujo acordo passará a vigorar em 2018), que a troca automática de informações está sujeita a determinadas condições, sobretudo relacionadas ao histórico e estrutura de governo do país receptor.

O Parlamento decidirá acerca de cada acordo de forma individualizada, sendo analisados itens como o tratamento dado pela legislação interna aos Tratados Internacionais, a segurança da informação (prote-

---

[153] PARLIAMENT: don't touch banking secrecy for Swiss clients. **Swissinfo.ch**. [s.i.], p. 1-2. 12 dez. 2017. Disponível em: <https://www.swissinfo.ch/eng/politics/-private-sphere-_parliament--don-t-touch-banking-secrecy-for-swiss-clients/43748818>. Acesso em: 05 ago. 2018.
[154] GEISER, Urs. Sigilo bancário doméstico não será colocado em votação. **Swissinfo.ch**. [s.i.], p. 1-2. 10 jan. 2018. Disponível em: <https://www.swissinfo.ch/por/iniciativa-cancelada_segredo-banc%C3%A1rio-dom%C3%A9stico-n%C3%A3o-ser%C3%A1-colocado-em-vota%C3%A7%C3%A3o/43812320>. Acesso em: 05 ago. 2018.

ção dos dados em relação a outros centros financeiros) e a confidencialidade, além de exigir que as informações não sejam utilizadas para cometer violações a direitos humanos. Nessa votação, o Parlamento também poderá decidir pela anulação do acordo, caso entenda que a outra parte não esteja em conformidade com suas exigências.

Dos países já analisados pelo Parlamento suíço, apenas Arábia Saudita e Nova Zelândia foram considerados não aptos a receber as informações (não obstante o acordo celebrado)[155]. Esta decisão certamente provocará questionamentos, pois nada mais é se não a inserção de condição em um acordo já celebrado, ou seja, inovação das regras em momento posterior, mas até a presente data não há qualquer informação a respeito.

---

[155] Swiss bank data exchange deal stumbles in parliament. **Swissinfo.ch.** [s.i.], p. 1-3. 27 set. 2017. Disponível em: <https://www.swissinfo.ch/eng/automatic-exchange-of-information-_swiss-bank-data-exchange-deal-stumbles-in-parliament/43553710>. Acesso em: 05 ago. 2018.

5. Evolução do Tema no Brasil

No Brasil, o sigilo bancário, assim como nos demais países, também tem a conotação de dever de segredo profissional, direcionado a quem possui acesso às informações enquanto funcionário de instituição financeira, e direito à intimidade, em relação ao cliente. E é nesse sentido que doutrina e jurisprudência entendem que o direito brasileiro protegeu (e ainda protege) o sigilo bancário.

5.1. Legislação
Com a finalidade de permitir melhor exposição da evolução legislativa, o tema será dividido em três partes.

5.1.1. *Primeira Regulamentação até a Constituição de 1988*
É possível dizer que a proteção ao sigilo bancário tem sido expressamente disciplinada desde a Constituição de 1824, que, em seu artigo 179, XXVII assegurou o sigilo das cartas (único meio de comunicação à época), direito este que foi mantido nas Constituições posteriores, tendo sido suspenso em 1942, por ocasião da decretação do estado de guerra, e restaurado pela Constituição de 1946.

Sem obedecer a uma cronologia, mas apenas para expor primeiramente os dispositivos constitucionais, menciona-se a Constituição de 1967, que ampliou a proteção, em conformidade com a evolução dos sistemas de comunicação, para abranger, além da correspondência, as comunicações telegráficas e telefônicas.

Por sua vez, a Constituição de 1988, no artigo 5º, inciso XII, amplia ainda mais a proteção do sigilo, para incluir os dados. E inovou em relação a todas as demais, com a previsão contida no inciso X do referido artigo, que disciplina a inviolabilidade da intimidade e vida privada, assegurando direito a indenização por dano material ou moral na hipótese de sua violação.

Em sede infraconstitucional, é possível verificar-se a primeira disposição legal acerca de sigilo nas atividades bancárias no artigo 17 do Código Comercial de 1850 (revogado pelo Código Civil de 2002), que disciplinava o sigilo dos livros de escrituração mercantil, combinado com seus artigos 119 e 120 (também revogados), que traziam o conceito de banqueiro e determinam a aplicação das regras do código às suas atividades.

Entretanto, esse sigilo não era absoluto pois, conforme previsto nos artigos 18 e 19 do mesmo Diploma, era prevista a possibilidade de sua exibição ser determinada em juízo em favor de interessados em gestão da sociedade ou, no curso de uma lide, para solucionar questões controvertidas.

Em 31 de dezembro de 1964, foi promulgada a Lei nº 4.595, conhecida como Lei da Reforma Bancária, que, em seu artigo 38, disciplinou expressamente o dever de sigilo por parte das instituições financeiras, além de considerar crime seu descumprimento, sujeito a pena de reclusão de um a quatro anos, nestes termos:

Art. 38. As instituições financeiras conservarão sigilo em suas operações ativas e passivas e serviços prestados.

§ 1º As informações e esclarecimentos ordenados pelo Poder Judiciário, prestados pelo Banco Central da República do Brasil ou pelas instituições financeiras, e a exibição de livros e documentos em Juízo, se revestirão sempre do mesmo caráter sigiloso, só podendo a eles ter acesso as partes legítimas na causa, que deles não poderão servir-se para fins estranhos à mesma.

§ 2º O Banco Central da República do Brasil e as instituições financeiras públicas prestarão informações ao Poder Legislativo, podendo, havendo relevantes motivos, solicitar sejam mantidas em reserva ou sigilo.

§ 3º As Comissões Parlamentares de Inquérito, no exercício da competência constitucional e legal de ampla investigação, obterão as informações que necessitarem das instituições financeiras, inclusive através do Banco Central da República do Brasil.

§ 4º Os pedidos de informações a que se referem os §§ 2º e 3º, deste artigo, deverão ser aprovados pelo Plenário da Câmara dos Deputados ou do Senado Federal e, quando se tratar de Comissão Parlamentar de Inquérito, pela maioria absoluta de seus membros.

§ 5º Os agentes fiscais tributários do Ministério da Fazenda e dos Estados somente poderão proceder a exames de documentos, livros e registros de contas de depósitos, quando houver processo instaurado e os mesmos forem considerados indispensáveis pela autoridade competente.

§ 6º O disposto no parágrafo anterior se aplica igualmente à prestação de esclarecimentos e informes pelas instituições financeiras às autoridades fiscais, devendo sempre estas e os exames serem conservados em sigilo, não podendo ser utilizados senão reservadamente.

§ 7º A quebra do sigilo de que trata este artigo constitui crime e sujeita os responsáveis à pena de reclusão, de um a quatro anos, aplicando-se, no que couber, o Código Penal e o Código de Processo Penal, sem prejuízo de outras sanções cabíveis.

A leitura do dispositivo denota que, assim como afirmado anteriormente com relação ao sigilo disciplinado no antigo Código Comercial, o sigilo não era previsto de forma absoluta na lei bancária. Os parágrafos primeiro a sexto desse artigo disciplinam a possibilidade de fornecer tais informações, nos termos e condições estabelecidas, ao Poder Judiciário, Banco Central, Comissões Parlamentares de Inquérito (CPIs) e agentes fiscais tributários.

Esta lei foi recepcionada pela Constituição de 1988 com o *status* de lei complementar, uma vez que, segundo o *caput* do artigo 192, cabe à lei complementar estabelecer o regramento aplicável ao sistema financeiro nacional.

Em 1966, o Código Tributário Nacional, em seu artigo 198, disciplina o denominado sigilo fiscal, ao determinar:

Art. 198. Sem prejuízo do disposto na legislação criminal, é vedada a divulgação, para qualquer fim, por parte da Fazenda Pública ou de seus funcionários, de qualquer informação, obtida em razão do ofício, sôbre a situação econômica ou financeira dos sujeitos passivos ou de terceiros e sôbre a natureza e o estado dos seus negócios ou atividades.

Parágrafo único. Excetuam-se do disposto neste artigo, únicamente, os casos previstos no artigo seguinte e os de requisição regular da autoridade judiciária no interêsse da justiça.

À época, as únicas exceções à proteção do sigilo fiscal eram a legislação criminal, a requisição de autoridade judiciária (no interesse da justiça) e para a assistência mútua entre as Fazendas Públicas da União, Estados, Distrito Federal e Municípios com a finalidade de fiscalização de tributos.

5.1.2. IPMF/CPMF

Em 1993, a Emenda Constitucional nº 3, em seu artigo 2º, concedeu à União a competência tributária para a instituição do Imposto Provisório sobre a Movimentação ou a Transmissão de Valores e de Créditos e Direitos de Natureza Financeira (IPMF), com prazo de vigência até 31.12.1994. O imposto foi instituído através da Lei Complementar nº 77, de 1993 e tinha por base de cálculo, em linhas gerais, o valor da movimentação financeira.

Este novo imposto foi bastante criticado pela doutrina, sob o argumento de que afrontava dispositivos constitucionais. Nesse sentido, afirmou Kiyoshi Harada:

> Esse imposto provisório, para vigorar até 31 de dezembro de 1994, que teve sua instituição demagogicamente subordinada à aprovação por lei complementar é inconstitucional. Primeiro, porque, da mesma forma que o STF proclamou a inconstitucionalidade de sua exigência em relação às entidades imunes, por ferir as chamadas cláusulas pétreas, [...] as pessoas não imunizadas tinham o direito assegurado pela Carta Magna de não serem tributadas pela União a não ser por aqueles impostos discriminados no art. 153 e por aquele decretado na forma do art. 154, I, além de impostos extraordinários, nas condições o art. 154, II. [...]. Em segundo lugar, é o IPMF inconstitucional por não permitir o elementar exercício do poder fiscalizatório pelo titular da receita, sob pena de violar o sigilo bancário, que tem a sua matriz na Constituição Federal, art. 5º, inciso XII. [...] [156]

---

[156] HARADA, Kiyoshi. **Direito Financeiro e Tributário.** São Paulo: Atlas, 1998. P. 393 p. 228--229.

EVOLUÇÃO DO TEMA NO BRASIL

Alvo de diversas discussões judiciais, foi declarada a inconstitucionalidade[157] de parte do parágrafo 2º do artigo 2º da Emenda Constitucional que determinava a inobservância do princípio da anterioridade de exercício financeiro e das imunidades tributárias relativamente a esse imposto, bem como das disposições da Lei Complementar nº 77, de 1993, que disciplinavam o tema.

É possível dizer, portanto, que o IPMF foi a primeira investida do governo brasileiro em direção à flexibilização do sigilo bancário, feita de modo sutil e sem previsão explícita.

Em 15 de agosto de 1996, a Emenda Constitucional nº 12 acrescentou o artigo 74 ao Ato das Disposições Constitucionais Transitórias (ADCT) para conceder à União competência para a instituição da Contribuição Provisória sobre Movimentação ou Transmissão de Valores e de Créditos e Direitos de Natureza Financeira (CPMF), a ser cobrada pelo prazo máximo de dois anos. A contribuição foi instituída através da Lei nº 9.311, de 24 de outubro de 1996, com a mesma base de cálculo do antigo IPMF, sendo que seu prazo inicial de treze meses após o início de sua exigibilidade foi prorrogado para vinte e quatro meses pela Lei nº 9.539, de 1997.

Ao contrário do que se verificou no IPMF, a lei instituidora da CPMF determinou de forma expressa a flexibilização do sigilo bancário no parágrafo segundo do seu artigo 11, tendo, inicialmente, assegurado o sigilo fiscal, inclusive ao proibir sua utilização para fiscalização de outros tributos:

> Art. 11. Compete à Secretaria da Receita Federal a administração da contribuição, incluídas as atividades de tributação, fiscalização e arrecadação.
> [...]
> § 2º As instituições responsáveis pela retenção e pelo recolhimento da contribuição prestarão à Secretaria da Receita Federal as informações necessárias à identificação dos contribuintes e os valores globais das respectivas operações, nos termos, nas condições e nos prazos que vierem a ser estabelecidos pelo Ministro de Estado da Fazenda.

---

[157] BRASIL. STF. ADI nº 939/DF. Relator: Min. Sydney Sanches. Brasília, 15.12.1993. Publ. DJ 05.01.1994. Acompanhamento processual disponível em: <http://portal.stf.jus.br/processos/detalhe.asp?incidente=1571506>. Acesso em 16 jan. 2019.

§ 3º A Secretaria da Receita Federal resguardará, na forma da legislação aplicada à matéria, o sigilo das informações prestadas, vedada sua utilização para constituição do crédito tributário relativo a outras contribuições ou impostos

Nos termos da norma concessiva de competência e sua lei instituidora, a exigibilidade da CPMF perduraria até 23 de janeiro de 1999. Porém, esse prazo foi alterado através da edição de três Emendas à Constituição (nº 21, de 18 de março de 1999; nº 37, de 12 de junho de 2002 e; nº 42, de 19 de dezembro de 2003), as quais, através da inserção dos artigos 75, 84 e 90 ao ADCT, respectivamente, prorrogaram, de modo sucessivo, a competência para a cobrança da CPMF (e sua respectiva legislação instituidora) até 31 de dezembro de 2007, quando, finalmente, deixou e ser exigível.

Ao longo de sua vigência, a Lei nº 9.311 sofreu algumas alterações, sendo que a mais importante delas, no que se refere ao presente estudo, foi a alteração do parágrafo terceiro do artigo 11 pela Lei nº 10.174, de 2001, que passou a permitir a utilização das informações obtidas para a fiscalização de outros tributos:

§ 3o A Secretaria da Receita Federal resguardará, na forma da legislação aplicável à matéria, o sigilo das informações prestadas, facultada sua utilização para instaurar procedimento administrativo tendente a verificar a existência de crédito tributário relativo a impostos e contribuições e para lançamento, no âmbito do procedimento fiscal, do crédito tributário porventura existente, observado o disposto no art. 42 da Lei no 9.430, de 27 de dezembro de 1996, e alterações posteriores.

5.1.3. *Período Posterior a 2001*

Em 10 de janeiro de 2001, a previsão inicial do artigo 198 do Código Tributário Nacional foi modificada pela Lei Complementar nº 104, ao inserir novas exceções ao sigilo fiscal, passando, então, a permitir o fornecimento da informação em caso de requisição por autoridade administrativa no interesse da Administração Pública, mediante processo regularmente instaurado.

Essa Lei Complementar incluiu o parágrafo terceiro ao artigo 198 do Código Tributário Nacional, e permitiu a divulgação das informações acerca de representações fiscais para fins penais, inscrições na Dívida Ativa e parcelamento ou moratória (parágrafo terceiro). Também acrescentou o parágrafo único ao artigo 199, que autoriza a Fazenda Pública da União, mediante acordos internacionais, a trocar informações com Estados estrangeiros no interesse da fiscalização e arrecadação de tributos.

Promulgada na mesma dada, 10 de janeiro de 2001, a Lei Complementar nº 105, em seu artigo 13, revogou expressamente o artigo 38 da Lei nº 4.595/64, e disciplinou integralmente o tema.

A Lei Complementar nº 105/2001 continuou a estabelecer, em seu artigo primeiro, o dever de sigilo por parte das instituições financeiras, bem como a cominar pena de reclusão de um a quatro anos e multa para o caso da violação desse dever, conforme o artigo 10.

Também esta lei, assim como as anteriores, trouxe em seu bojo hipóteses de exclusão desse dever de sigilo. O diferencial em relação às outras normas reside no fato de que estão previstas mais hipóteses em que o sigilo pode ser afastado, em franca consonância com a evolução do tema em âmbito mundial, bem como sujeitou à sua regulação o Banco Central do Brasil e a Comissão de Valores Mobiliários (CVM).

A fim de regulamentar a requisição, acesso e uso das informações solicitadas às instituições financeiras pela Secretaria da Receita Federal, previstos no artigo 6º da Lei Complementar nº 105/2001, foi editado o Decreto nº 3.724, de 10 de janeiro de 2001, posteriormente alterado pelo Decreto nº 6.104, de 30 de abril de 2007 e pelo Decreto nº 8.303, de 04 de setembro de 2014.

De acordo com o artigo 2º, parágrafo 5º do Decreto n 3.724/2001, somente será possível a solicitação de informações às instituições financeiras se houver procedimento de fiscalização em curso, formalmente iniciado após expedição de Termo de Distribuição do Procedimento Fiscal (TDPF), do qual é dada ciência ao sujeito passivo, e se estas informações forem indispensáveis.

O Decreto define no seu artigo 3º as hipóteses em que as informações detidas pelas instituições financeiras são consideradas indispensáveis. Dentre elas, é possível citar como mais relevantes ao presente estudo, a presença de indícios de subavaliação de valores de operação, se houver obtenção de empréstimos de pessoas jurídicas não financeiras ou de pessoas físicas (quando não comprovado o efetivo recebimento dos recursos), se o sujeito passivo praticar qualquer operação com pessoa física ou jurídica residente ou domiciliada em país com regime fiscal privilegiado, omitir rendimentos ou ganhos líquidos decorrentes de aplicações financeiras, ou remeter ao exterior valores incompatíveis com suas disponibilidades declaradas (através de conta de não residente).

Entretanto, são previstas duas exceções à necessidade de TDPF prévio. A primeira é tratada no parágrafo 1º do referido artigo, que autoriza o início de fiscalização e, portanto, solicitação de informações, quando houver "flagrante constatação de contrabando, descaminho ou de qualquer outra prática de infração à legislação tributária, em que o retardamento do início do procedimento fiscal coloque em risco os interesses da Fazenda Nacional". Neste caso, o TDPF será expedido no prazo de cinco dias após o início do procedimento fiscal e, então, será dada ciência ao sujeito passivo.

A segunda, constante do parágrafo 3º do artigo 2º, refere-se à atividade normal de fiscalização, ocorrida no despacho aduaneiro, na revisão aduaneira, no combate ao contrabando e descaminho, bem como no tratamento automático das declarações, conhecido como "malha fina".

Analisando-se as hipóteses elencadas como de necessidade de obtenção das informações, bem como as exceções ao sigilo apresentadas acima, é possível verificar consonância com as análises feitas pela OCDE como práticas prejudiciais à tributação, bem como às operações que são objetivo do CRS e FATCA.

Importante salientar que, não obstante a previsão de diversas hipóteses de "quebra", o artigo 7º determina que as informações devem ser mantidas sob sigilo, nos termos da legislação pertinente, bem como prevê penalidades administrativas, civis e penais ao servidor que agir em desconformidade com as cautelas e conduta exigidas.

Com o objetivo de disciplinar o acesso às informações detidas pela Secretaria da Receita Federal brasileira, foi editada a Portaria nº 2.344, de 24 de março de 2011, que define quais informações são amparadas pelo sigilo e prevê penalidade para o descumprimento do dever de segredo.

Vale lembrar que Portaria é um ato que está contido no poder normativo da Administração Pública em que os detentores de cargo de chefia, ou, nas palavras de Celso Antônio Bandeira de Mello, "autoridades de *nível inferior* ao de Chefe do Executivo, sejam de qualquer escalão de comandos que forem, dirigem-se a seus subordinados, transmitindo decisões de efeito interno"¹⁵⁸. Importante ressalvar que elas não têm o poder de criar obrigações aos particulares, que não estão sujeitos ao seu poder hierárquico.¹⁵⁹

O *caput* do artigo 2º traz o rol de informações protegidas pelo sigilo:

Art. 2º São protegidas por sigilo fiscal as informações sobre a situação econômica ou financeira do sujeito passivo ou de terceiros e sobre a natureza e o estado de seus negócios ou atividades, obtidas em razão do ofício para fins de arrecadação e fiscalização de tributos, inclusive aduaneiros, tais como:
I – as relativas a rendas, rendimentos, patrimônio, débitos, créditos, dívidas e movimentação financeira ou patrimonial;
II – as que revelem negócios, contratos, relacionamentos comerciais, fornecedores, clientes e volumes ou valores de compra e venda;
III – as relativas a projetos, processos industriais, fórmulas, composição e fatores de produção.

Como afirmado anteriormente, portanto, a Portaria não tem o condão de criar novas obrigações ou regras de sigilo, de modo que, conforme se denota da leitura do item supra, tratou de consolidar em um único dispositivo o sigilo bancário, o sigilo dos livros comerciais (protegido pelo artigo 1.190 do Código Civil brasileiro em vigor) e o segredo industrial (protegido pela Lei nº 9.279/1996, a Lei da Propriedade Industrial).

Por sua vez, o parágrafo primeiro desse mesmo artigo traz o rol das informações não protegidas. Dentre elas, estão informações cadastrais relativas à sua individualização (nome, data de nascimento, endereço, composição societária), à sua regularidade fiscal (vedada a relação de débitos ou créditos), outras informações que não identifiquem o sujeito passivo, bem como as exceções previstas pelo parágrafo terceiro do artigo 198 do Código Tributário Nacional, com a redação dada pela Lei Complementar nº 104/2001.

O artigo 5º da Lei Complementar nº 105/2001 também inovou com a previsão do fornecimento periódico de informações por parte de instituições financeiras. Este dispositivo foi regulamentado pela Instrução

---

¹⁵⁸ MELLO, Celso Antônio Bandeira de. **Curso de direito administrativo.** 32. ed. rev. e atual. São Paulo: Malheiros, 2015. p. 453.
¹⁵⁹ MEIRELLES, Hely Lopes; BURLE FILHO, José Emmanuel. **Direito Administrativo Brasileiro.** 42. ed. São Paulo: Malheiros, 2016. p. 209-210.

Normativa RFB nº 811, de 28 de janeiro de 2008, que instituiu a Declaração de Informações sobre Movimentação Financeira (Dimof).

De apresentação obrigatória por bancos, cooperativas de crédito, associações para poupança, instituições autorizadas a operar no mercado financeiro, bem como os Correios, referida Instrução Normativa exigiu o fornecimento semestral de informações sobre operações financeiras de pessoas físicas que movimentassem montante semestral global de R$ 5.000,00 (cinco mil reais) e pessoas jurídicas no montante global semestral de R$ 10.000,00 (dez mil, reais), havendo previsão de penalidade à instituição pelo fornecimento de informação inexata ou incompleta ou atraso na entrega.

Por fim, em conformidade com a evolução do tema e também com fundamento no artigo 5º da Lei Complementar nº 105/2001, a Instrução Normativa RFB nº 1571, de 02 de julho de 2015 instituiu a e-Financeira, "um conjunto de arquivos digitais referentes a cadastro, abertura, fechamento e auxiliares, e pelo módulo de operações financeiras"[160], assinada digitalmente (através de certificado digital) por um representante da empresa.

As informações exigidas na e-Financeira são mais detalhadas em relação à Dimof, exigindo a identificação do beneficiário final dos recursos nos casos em que seu titular é pessoa jurídica, com especial atenção às pessoas jurídicas passivas, alinhado a tudo o quanto estudado relativamente às exigências do FATCA e AEOI. Relativamente a valores, tendo em vista a complexidade das informações fornecidas, acabou por reduzir um pouco seu alcance, exigindo o fornecimento de informações para pessoas físicas que movimentem o montante global mensal de R$2.000,00, e de R$6.000,00 para pessoas jurídicas.

É possível afirmar que a legislação brasileira, até os dias atuais, contém diversas disposições que protegem (de forma expressa ou implícita, como no caso da Constituição Federal) o sigilo das informações financeiras, tanto no âmbito bancário quanto fiscal, que, cada vez mais, deixa

---

[160] BRASIL. Instrução Normativa RFB nº 1571, de 02 de julho de 2015. Dispõe sobre a obrigatoriedade de prestação de informações relativas às operações financeiras de interesse da Secretaria da Receita Federal do Brasil (RFB). **Receita Federal**. Brasília, DF, 03 jul. 2015. Artigo 2º. Disponível em: <http://normas.receita.fazenda.gov.br/sijut2consulta/link.action?idAto=65746&visao=anotado>. Acesso em: 12 ago. 2018.

de ser oponível em relação à administração tributária, que passou a ter acesso cada vez a mais informações, inicialmente mediante requerimento e, mais recentemente, fornecidas de modo obrigatório pelas instituições financeiras.

O que se verifica, portanto, é que o Brasil procedeu a mudanças na legislação em conformidade com as novas diretrizes da ordem mundial. Mas é possível ainda dizer que merecem atenção os acordos para troca automática de informações celebrados, pois, considerando-se o quanto analisado no capítulo 2.3 sobre a adoção da teoria monista internacionalista pela Constituição brasileira e pelo Código Tributário Nacional, as normas internacionais prevalecem em relação à norma interna, de modo que não é possível ao Brasil, nas relações sujeitas à disciplina desses acordos, apresentar oposição com base na legislação doméstica.

5.2. Jurisprudência

Assim como feito para a o estudo da legislação, a jurisprudência será dividida em três fases, que, no entanto, não guardam correlação exata com os marcos temporais adotados para a legislação.

5.2.1. *Período até 1993*

A Corte Constitucional brasileira, historicamente[161], adotou o posicionamento de proteção do sigilo bancário. Igualmente histórica é a exceção à proteção desse sigilo para fins de instrução em processos criminais:

> [...]
> É certo que o sigilo bancário não é absoluto e êle cede, muitas vezes, a valores dignos de consideração, como se dá para perfeita instrução de processos criminais, como decidira esta Suprema Côrte, no recurso de mandado de segurança nº 1.047, de que foi relator nosso eminente colega Exmo. Sr. Ministro Ribeiro da Costa (sessão de 6-9-1949).

---

[161] BRASIL. STF. RMS nº 2574. Relator Min. Antonio Villas Bôas. Brasília. 08.07.1957. Publ. DJ 08.08.1957. Ementa e acórdão disponíveis em: <http://www.stf.jus.br/portal/jurisprudencia/listarJurisprudencia.asp?s1=%28BANCO+E+FICH%C1RIO+ADJ+CADASTRAL%29&base=baseAcordaos&url=http://tinyurl.com/ya6ldp8e>. Acesso em: 28 jan. 2019. Esta decisão concedeu mandado de segurança para que o banco não fosse compelido a apresentar a ficha cadastral do seu cliente em processo de desquite.

SIGILO BANCÁRIO

Mas nas questões de ordem patrimonial, os exames hão de se fazer com cautela. [...]
[...][162].

Entretanto, é possível afirmar que, durante muitos anos, o sigilo não foi protegido em relação à autoridade fazendária para fins de fiscalização, tendo em vista a legislação vigente:

[...]
[...]. O Banco interpõe recurso ordinário do acórdão do Tribunal Federal de Recursos, denegatório de segurança, confirmatório de sentença de primeira instância. O Banco pretende recursar esclarecimentos sobre conta de cliente correntista. [...]
[...]
A Procuradoria Geral opinou pelo desprovimento:
"[...]
O sigilo bancário tem por finalidade a proteção contra a divulgação ao público dos negócios do banco, ou dos negócios dos seus clientes.
Na espécie incorre isso, visto que os Agentes Fiscais do Impôsto de Renda são, ex vi legis (art. 201, Dec. 47.373/59), obrigados ao sigilo, sendo-lhes defeso, pena de responsabilidade divulgar conhecimento obtido via de investigação como, aliás, salienta o Egrégio Tribunal a quo.
[...]"
[...]. Nego provimento ao recurso. Não há perigo de devassa ou quebra de sigilo bancário, porquanto, como assinala o parecer, os Agentes Fiscais do Impôsto de Renda são obrigados ao sigilo (art. 201 – D. nº 47.373/59), sob pena de responsabilidade[163].

---

[162] BRASIL. STF. RMS nº 9057. Relator Min. Gonçalves de Oliveira. Brasília. 13.09.1961. Publ. DJ 26.10.1961. Ementa e acórdão disponíveis em: <http://www.stf.jus.br/portal/jurisprudencia/listarJurisprudencia.asp?s1=%28SIGILO+ADJ+BANC%C1RIO%29&pagina=19&base=baseAcordaos&url=http://tinyurl.com/yd54jljz>. Acesso em: 28 jan. 2019. Esta é a primeira decisão proferida pelo STF sobre sigilo bancário a que se tem acesso em sua página na rede mundial de computadores.
[163] BRASIL. STF. RMS nº 15925. Relator: Min. Gonçalves de Oliveira. Brasília, 20.05.1966. Publ. DJ 24.05.1966. Ementa e acórdão disponíveis em: <http://www.stf.jus.br/portal/jurisprudencia/listarJurisprudencia.asp?s1=%28RMS+ADJ+15925%29&base=baseAcordaos&url=http://tinyurl.com/y8z6u67m>. Acesso em 28 jan. 2019.

5.2.2. Período de 1993 a 2000

À época da instituição do IPMF, não houve grande discussão acerca do sigilo bancário pois, ainda que se tratasse de imposto cuja base de cálculo era, em linhas gerais, toda e qualquer movimentação financeira, não havia qualquer previsão de envio de informações à autoridade tributária para fins de fiscalização. Conforme já afirmado, a inconstitucionalidade declarada referiu-se à violação ao princípio da anterioridade e às imunidades.

Por força da declaração de inconstitucionalidade da cobrança no exercício de 1993, a Receita Federal editou a Instrução Normativa nº 99, de 1993, em que disciplinou a restituição, de ofício, do imposto pago ao longo do ano de 1993, determinando, para tanto, que as instituições financeiras, responsáveis pelo recolhimento, encaminhassem informações sobre o contribuinte e valor do imposto retido.

Esta norma foi impugnada judicialmente pela Federação Brasileira dos Bancos Brasileiros (FEBRABAN), sob a alegação de configuraria quebra do sigilo bancário, alegação esta acolhida em sede de liminar, que suspendeu os efeitos de referida Instrução Normativa[164e165], o que levou a Receita Federal a editar a Instrução Normativa nº 09, de 1994, na qual estabeleceu que a restituição do IPMF deveria ser solicitada pelo contribuinte, que, para tanto, concederia permissão à instituição financeira fornecer as informações necessárias para tanto à Receita Federal.

Não obstante a crítica tecida a essa discussão à época, o que se extrai de importante para o presente estudo é o fato de que, ainda que o fornecimento de informações financeiras tivesse por finalidade viabilizar a restituição do indébito ao contribuinte, a proteção do sigilo bancário prevaleceu.

---

[164] A liminar concedida originalmente não pode ser consultada em meio eletrônico, apenas aquela concedida em sede de mandado de segurança proposto para obter efeito suspensivo ao recurso de apelação interposto em face de decisão proferida no mandado de segurança originário.

[165] BRASIL. TRF1. MS nº 0007657-38.1994.4.01.0000 (94.01.08698-2/DF). Relator: Juiz Nelson Gomes da Silva. Brasília, 06.12.1994. Publ. DJ 09.02.1995. Acompanhamento processual disponível em: <https://processual.trf1.jus.br/consultaProcessual/processo.php?secao=TRF1&proc=00076573819944010000>. Acórdão disponível em: <https://arquivo.trf1.jus.br/index.php>. Acesso em 25 jan. 2019.

SIGILO BANCÁRIO

Já com a instituição da CPMF, a proteção ao sigilo bancário passou a ser invocada judicialmente pelos contribuintes, que impugnavam o parágrafo segundo do artigo 11 da Lei nº 9.311/96.

Nesse período é possível verificar na jurisprudência dos Tribunais Regionais Federais a tendência a não mais protegê-lo em relação à autoridade fiscal, sob fundamentos distintos. O Tribunal Regional Federal da 2ª Região, por exemplo, fundamentou a possibilidade de o Fisco obter as informações financeiras independentemente de autorização judicial a partir da interpretação sistemática da Lei nº 4.595/64 e do Código Tributário Nacional[166]. Por sua vez, o Tribunal Regional Federal da 4ª Região fez o mesmo, sob o fundamento de que o parágrafo terceiro, ainda em sua redação original, preservava o sigilo bancário[167].

---

[166] Processo Civil. Intimação Da Sentença Proferida Em Mandado De Segurança. Constitucional E Tributário. Cpmf. Ec 12/96. Lei 9311/96. Sigilo De Dados. [...] – A interpretação sistemática do artigo 38 da Lei 4595/64 e artigo 197, CTN leva à conclusão de que as instituições financeiras devem prestar as informações requisitadas pelo Fisco, mesmo sem autorização judicial, a não ser nas hipóteses em que estão obrigadas ao sigilo, entre as quais se incluem aquelas previstas no caput, artigo 38, da Lei 4595/64. No que tange à CPMF inexiste dever legal atribuído às instituições financeiras em ocultar do Fisco as informações bancárias, porque a Lei 9311/96 expressamente determina que os responsáveis pela retenção da contribuição devem fornecer à Secretaria da Receita Federal dados a respeito das operações realizadas pelo contribuinte. – Apelação não provida e remessa necessária a que se dá provimento. BRASIL. TRF2. AMS nº 0018880-19.1998.4.02.0000 (98.02.18880-8). Relator: Desembargador Federal Sergio Feltrin Correa. Rio de Janeiro, 20.10.2004. Publ. DJ 29.11.2004. Acompanhamento processual disponível em: <http://portal.trf2.jus.br/portal/consulta/resconsproc.asp>. Acórdão disponível em: <http://www.trf2.gov.br/cgi-bin/pdbi?PRO=9802188808&TOPERA=1>. Acesso em 25 jan. 2019.

[167] CPMF. Constitucionalidade. Repristinação. Princípios Constitucionais. Sigilo Bancário. Lei Complementar. Cláusula Pétrea. Base De Cálculo. Endosso De Cheque. 1. É constitucional a Contribuição Provisória sobre Movimentação ou Transmissão de Valores e de Créditos e Direitos de Natureza Financeira – CPMF, instituída pela Emenda Constitucional nº 12/96, regulamentada pela Lei nº 9.311/96, e modificada pela Lei 9.539/97. O STF, no julgamento da ADIN nº 2.031/DF, entendeu que não há plausibilidade jurídica na alegação de ser inconstitucional a Emenda Constitucional nº 21/99. 2. Quanto a vigência das Leis nº 9.311/96 e 9.539/97, ficou decidido no mesmo julgamento, ser possível a repristinação de lei ordinária pela Emenda Constitucional nº 21/99. 3. O STF também rejeitou as alegações de confisco de rendimentos, redução de salários, bitributação e ofensa aos princípios constitucionais da isonomia e da legalidade. 4. O § 3º do artigo 11 da Lei nº 9.311/96, prorrogada pelo artigo 75 do ADCT, preserva o sigilo bancário, assegurado pelo artigo 5º, XII, da CF. [...]. BRASIL. TRF4, AMS Nº 2000.04.01.034928-5, Relatora Ellen Gracie Northfleet. Porto Alegre, 09.11.2000. Publ. DJ 03/01/2001. Acompanhamento pro-

Entretanto, em sentido oposto foi o posicionamento dos Tribunais Superiores, que passaram a conferir proteção ao sigilo bancário, inclusive em relação à autoridade fiscal.

O Superior Tribunal de Justiça, em 1994, proferiu decisão contrária à administração tributária ter acesso às informações financeiras em procedimento administrativo, reconhecendo a necessidade de decisão judicial para essa finalidade:

> TRIBUTÁRIO. SIGILO BANCÁRIO. QUEBRA COM BASE EM PROCEDIMENTO ADMINISTRATIVO-FISCAL. IMPOSSIBILIDADE.
> O sigilo bancário do contribuinte não pode ser quebrado com base em procedimento administrativo-fiscal, por implicar indevida intromissão na privacidade do cidadão, garantia esta expressamente amparada pela constituição federal (artigo 5º, inciso X).
> Por isso, cumpre às instituições financeiras manter sigilo acerca de qualquer informação ou documentação pertinente a movimentação ativa e passiva do correntista/contribuinte, bem como dos serviços bancários a ele prestados.
> Observadas tais vedações, cabe-lhes atender as demais solicitações de informações encaminhadas pelo fisco, desde que decorrentes de procedimento fiscal regularmente instaurado e subscritas por autoridade administrativa competente.
> Apenas o Poder Judiciário, por um de seus órgãos, pode eximir as instituições financeiras do dever de segredo em relação às matérias arroladas em lei.
> [...].[168]

No mesmo sentido decidiu o Supremo Tribunal Federal, ao exigir a estrita observância da forma estabelecida em lei para o fornecimento das informações financeiras, mesmo em relação à autoridade fiscal:

cessual disponível em: <https://www2.trf4.jus.br/trf4/controlador.php?acao=consulta_processual_resultado_pesquisa&txtValor=200004010349285&selOrigem=TRF&chkMostrarBaixados=S&todasfases=S&selForma=NU&todaspartes=&hdnRefId=7ae724e8918ec7453ce7d5bb90f62ead&txtPalavraGerada=KrDG&txtChave=>. Ementa do acórdão disponível em: <https://jurisprudencia.trf4.jus.br/pesquisa/citacao.php?doc=TRF400078778>. Acesso em 25 jan. 2019.

[168] BRASIL. STJ. REsp 37566. Relator Min. Demócrito Reinaldo. Brasília, 02.02.1994. Publ. DJ 28.03.1994. Acompanhamento processual disponível em: <tps://ww2.stj.jus.br/processo/pesquisa/?src=1.1.3&aplicacao=processos.ea&tipoPesquisa=tipoPesquisaGenerica&num_registro=199300218980>. Acesso em: 29 jan. 2019.

SIGILO BANCÁRIO

Questão de ordem. Solicitação da Delegacia da Receita Federal em Brasília do fornecimento de cópia da documentação resultante da quebra do sigilo bancário do indiciado para a instrução de inquérito penal. – Impossibilidade do atendimento desse pedido em face do disposto no par. 1. do artigo 38 da Lei 4.595, de 31.12.64. Indeferimento da solicitação em causa[169].

5.2.3. *Período Posterior a 2001*

Mais recentemente, o Supremo Tribunal Federal continuou a conferir proteção ao sigilo bancário, ora como inserida na proteção constitucional à privacidade[170], ora como direito constitucionalmente assegurado ao sigilo dos dados, fiscal e profissional[171], tradicionalmente considerados óbices constitucionais ao acesso irrestrito às informações financeiras.

Durante muitos anos, mesmo durante a vigência da Lei Complementar nº 105/2001, o sigilo bancário era protegido com bastante vigor pelo Supremo Tribunal Federal (STF), conforme se verifica na ementa do acórdão proferido em 2011:

SIGILO DE DADOS – AFASTAMENTO. Conforme disposto no inciso XII do artigo 5º da Constituição Federal, a regra é a privacidade quanto à correspondência, às comunicações telegráficas, aos dados e às comunicações, ficando a exceção – a quebra do sigilo – submetida ao crivo de órgão equidistante – o Judiciário – e, mesmo assim, para efeito de investigação criminal ou instrução processual penal.

SIGILO DE DADOS BANCÁRIOS – RECEITA FEDERAL. Conflita com a Carta da República norma legal atribuindo à Receita Federal – parte na

---

[169] BRASIL. STF. INQ nº 732. Relator: Min. Moreira Alves. Brasília, 18.04.1996. Publ. DJ 17.05.1996. Acompanhamento processual disponível em: <http://portal.stf.jus.br/processos/detalhe.asp?incidente=1556499>. Acesso em 28 jan. 2019.

[170] Nesse sentido: BRASIL. STF. RE nº 215301. Relator Min. Roberto Barroso. Brasília. 27.10.2017. Publ. DJE 14.11.2017. Acompanhamento Processual Disponível em: <http://www.stf.jus.br/portal/processo/verProcessoAndamento.asp?numero=612687&classe=RE-AgR&codigoClasse=0&origem=JUR&recurso=0&tipoJulgamento=M>. Acesso em: 28 jun. 2018.

[171] Nesse sentido: BRASIL. STF. RE nº 886239. Relator: Min. Celso de Mello. Brasília, 01.06.2015. Publ. DJE 08.06.2015. Acompanhamento Processual. Disponível em: <http://www.stf.jus.br/portal/processo/verProcessoAndamento.asp?incidente=4766307>. Acesso em 06 mar. 2016.

relação jurídico-tributária – o afastamento do sigilo de dados relativos ao contribuinte.[172]

Importante ressaltar que nesse julgamento, o relator, Ministro Marco Aurélio, seguido pela maioria dos Ministros, afirmou:

> Assentando que preceitos legais atinentes ao sigilo de dados bancários hão de merecer, sempre e sempre, interpretação, por mais que se potencialize o objetivo, harmônica com a Carta da República, provejo o recurso extraordinário interposto para conceder a segurança. Defiro a ordem para afastar a possibilidade de a Receita Federal ter acesso direto aos dados bancários da recorrente. Com isso, confiro à legislação de regência – Lei nº 9.311/96, Lei Complementar nº 105/01 e Decreto nº 3.724/01- interpretação conforme à Carta Federal, tendo como conflitante com esta a que implique afastamento do sigilo bancário do cidadão, da pessoa natural ou da jurídica, sem ordem emanada do Judiciário.[173]

Essa decisão serviu de paradigma para diversos outros julgamentos sobre o tema no STF até 2015, conforme decisão que negou provimento (decisão monocrática) ao Recurso Extraordinário nº 886.239[174] e ao Agravo Regimental (decisão colegiada) interpostos pelo Estado do Mato Grosso, que pretendia o acesso às informações.

Em sentido oposto, o Superior Tribunal de Justiça (STJ), desde a edição da Lei Complementar nº 105/2001, profere decisões que reconhecem a validade da obtenção de informações financeiras pela via administrativa:

> TRIBUTÁRIO. NORMAS DE CARÁTER PROCEDIMENTAL. APLICAÇÃO INTERTEMPORAL. UTILIZAÇÃO DE INFORMAÇÕES OBTIDAS A PARTIR DA ARRECADAÇÃO DA CPMF PARA A CONSTITUIÇÃO DE CRÉDITO REFERENTE A OUTROS TRIBUTOS. RETROATIVIDADE PERMITIDA PELO ART. 144, § 1º DO CTN.[175]

---

[172] BRASIL. STF. RE nº 389808. Relator: Min. Marco Aurélio. Brasília, 15.12.2010. Publ. DJE 10.05.2011. Acompanhamento processual disponível em: <http://www.stf.jus.br/portal/processo/verProcessoAndamento.asp?numero=389808&classe=RE&codigoClasse=0&origem=JUR&recurso=0&tipoJulgamento=M>. Acesso em 13 jul. 2018.
[173] Idem.
[174] BRASIL. STF. RE nº 886239.
[175] BRASIL. STJ. REsp 506232 / PR. Relator: Min. Luiz Fux. Brasília, 02.12.2003. Publ. DJ 16.02.2004. Acompanhamento Processual. Disponível em <https://ww2.stj.jus.br/processo/

Tendo em vista tratar-se de tema de grande relevância, constitui objeto de inúmeras demandas judiciais, em que o particular pretende impor a proteção individual constitucional contra a investida do Fisco de ter acesso às suas informações financeiras.

Para situações como essa, a Código de Processo Civil disciplinou os denominados recursos repetitivos no âmbito do Superior Tribunal de Justiça (543-C do Código de Processo Civil de 1973, incluído pela Lei nº 11.672/08, atualmente regidos pelos artigos 1036 e seguintes do Código de Processo Civil 2015). Referem-se à possibilidade de julgamento por amostragem de matéria ventilada em diversos recursos especiais, conforme seleção feita pelo próprio Tribunal, cujo julgamento não é de observância obrigatória, sendo, apenas, uma orientação de entendimento.

Sobre o tema sigilo bancário há duas teses firmadas em julgamentos de recursos repetitivos no STJ, de números 275 e 590.

A tese firmada no Tema nº 275, proferida em novembro de 2009, analisa a aplicação retroativa da Lei nº 8.021/1990 e da Lei Complementar nº 105/2001 com relação aos procedimentos de fiscalização, nos seguintes termos:

> As leis tributárias procedimentais ou formais, conducentes à constituição do crédito tributário não alcançado pela decadência, são aplicáveis a fatos pretéritos, razão pela qual a Lei 8.021/90 e a Lei Complementar 105/2001, por envergarem essa natureza, legitimam a atuação fiscalizatória/investigativa da Administração Tributária, ainda que os fatos imponíveis a serem apurados lhes sejam anteriores.[176]

No julgamento do processo representativo da controvérsia, foi elaborada uma análise da evolução da legislação acerca do sigilo das informações financeiras, bem como acerca da impossibilidade de prevalência do direito individual ao sigilo em detrimento do interesse público. Também foi analisada a moralidade nas relações aplicada, neste caso, em relação ao ilícito tributário:

pesquisa/?tipoPesquisa=tipoPesquisaNumeroRegistro&termo=200300367850&totalRegistrosPorPagina=40&aplicacao=processos.ea>. Acesso em 15 jul. 2018.

[176] BRASIL. STJ. Tema/Repetitivo 275. Órgão Julgador: Primeira Seção. Brasília, 25.11.2009. Publ. DJ 18.12.2009. Repetitivos e IAC. Disponível em <http://www.stj.jus.br/repetitivos/temas_repetitivos/pesquisa.jsp>. Acesso em 15 jul. 2018.

PROCESSO CIVIL. RECURSO ESPECIAL REPRESENTATIVO DE CONTROVÉRSIA. ARTIGO 543-C, DO CPC. TRIBUTÁRIO. QUEBRA DO SIGILO BANCÁRIO SEM AUTORIZAÇÃO JUDICIAL. CONSTITUIÇÃO DE CRÉDITOS TRIBUTÁRIOS REFERENTES A FATOS IMPONÍVEIS ANTERIORES À VIGÊNCIA DA LEI COMPLEMENTAR 105/2001. APLICAÇÃO IMEDIATA. ARTIGO 144, § 1º, DO CTN. EXCEÇÃO AO PRINCÍPIO DA IRRETROATIVIDADE.

1. A quebra do sigilo bancário sem prévia autorização judicial, para fins de constituição de crédito tributário não extinto, é autorizada pela Lei 8.021/90 e pela Lei Complementar 105/2001, normas procedimentais, cuja aplicação é imediata, à luz do disposto no artigo 144, § 1º, do CTN.

2. O § 1º, do artigo 38, da Lei 4.595/64 (revogado pela Lei Complementar 105/2001), autorizava a quebra de sigilo bancário, desde que em virtude de determinação judicial, sendo certo que o acesso às informações e esclarecimentos, prestados pelo Banco Central ou pelas instituições financeiras, restringir-se-iam às partes legítimas na causa e para os fins nela delineados.

3. A Lei 8.021/90 (que dispôs sobre a identificação dos contribuintes para fins fiscais), em seu artigo 8º, estabeleceu que, iniciado o procedimento fiscal para o lançamento tributário de ofício (nos casos em que constatado sinal exterior de riqueza, vale dizer, gastos incompatíveis com a renda disponível do contribuinte), a autoridade fiscal poderia solicitar informações sobre operações realizadas pelo contribuinte em instituições financeiras, inclusive extratos de contas bancárias, **não se aplicando, nesta hipótese, o disposto no artigo 38, da Lei 4.595/64.**

4. O § 3º, do artigo 11, da Lei 9.311/96, com a redação dada pela Lei 10.174, de 9 de janeiro de 2001, determinou que a Secretaria da Receita Federal era obrigada a resguardar o sigilo das informações financeiras relativas à CPMF, facultando sua utilização para instaurar procedimento administrativo tendente a verificar a existência de crédito tributário relativo a impostos e contribuições e para lançamento, no âmbito do procedimento fiscal, do crédito tributário porventura existente.

5. **A Lei Complementar 105**, de 10 de janeiro de 2001, revogou o artigo 38, da Lei 4.595/64, e passou a regular o sigilo das operações de instituições financeiras, preceituando que **não constitui violação do dever de sigilo a prestação de informações, à Secretaria da Receita Federal, sobre as operações financeiras efetuadas pelos usuários dos serviços** (artigo 1º, § 3º, inciso VI, c/c o artigo 5º, caput, da aludida lei complementar, e 1º, do Decreto 4.489/2002).

6. As informações prestadas pelas instituições financeiras (ou equiparadas) restringem-se a informes relacionados com a identificação dos titulares das operações e os montantes globais mensalmente movimentados, vedada a inserção de qualquer elemento que permita identificar a sua origem ou a natureza dos gastos a partir deles efetuados (artigo 5º, § 2º, da Lei Complementar 105/2001).

7. O artigo 6º, da lei complementar em tela, determina que:

"Art. 6º As autoridades e os agentes fiscais tributários da União, dos Estados, do Distrito Federal e dos Municípios somente poderão examinar documentos, livros e registros de instituições financeiras, inclusive os referentes a contas de depósitos e aplicações financeiras, quando houver processo administrativo instaurado ou procedimento fiscal em curso e tais exames sejam considerados indispensáveis pela autoridade administrativa competente.

Parágrafo único. O resultado dos exames, as informações e os documentos a que se refere este artigo serão conservados em sigilo, observada a legislação tributária."

8. O lançamento tributário, em regra, reporta-se à data da ocorrência do fato ensejador da tributação, regendo-se pela lei então vigente, ainda que posteriormente modificada ou revogada (artigo 144, caput, do CTN).

9. O artigo 144, § 1º, do *Codex* Tributário, dispõe que se **aplica imediatamente ao lançamento tributário a legislação que**, após a ocorrência do fato imponível, **tenha instituído novos critérios de apuração ou processos de fiscalização, ampliado os poderes de investigação das autoridades administrativas, ou outorgado ao crédito maiores garantias ou privilégios**, exceto, neste último caso, para o efeito de atribuir responsabilidade tributária a terceiros.

10. Conseqüentemente, as leis tributárias procedimentais ou formais, conducentes à constituição do crédito tributário não alcançado pela decadência, são aplicáveis a fatos pretéritos, razão pela qual **a Lei 8.021/90 e a Lei Complementar 105/2001**, por envergarem essa natureza, **legitimam a atuação fiscalizatória/investigativa da Administração Tributária**, ainda que os fatos imponíveis a serem apurados lhes sejam anteriores (Precedentes ...).

11. A razoabilidade restaria violada com a adoção de tese inversa conducente à conclusão de que Administração Tributária, ciente de possível sonegação fiscal, encontrar-se-ia impedida de apurá-la.

12. A Constituição da República Federativa do Brasil de 1988 facultou à Administração Tributária, nos termos da lei, a criação de instrumentos/mecanismos que lhe possibilitassem identificar o patrimônio, os rendimentos e as atividades econômicas do contribuinte, respeitados os direitos individuais, especialmente com o escopo de conferir efetividade aos princípios da pessoalidade e da capacidade contributiva (artigo 145, § 1º).

13. Destarte, o sigilo bancário, como cediço, não tem caráter absoluto, devendo ceder ao princípio da moralidade aplicável de forma absoluta às relações de direito público e privado, devendo ser mitigado nas hipóteses em que as transações bancárias são denotadoras de ilicitude, porquanto não pode o cidadão, sob o alegado manto de garantias fundamentais, cometer ilícitos. Isto porque, conquanto o sigilo bancário seja garantido pela Constituição Federal como direito fundamental, não o é para preservar a intimidade das pessoas no afã de encobrir ilícitos.

14. O suposto direito adquirido de obstar a fiscalização tributária não subsiste frente ao dever vinculativo de a autoridade fiscal proceder ao lançamento de crédito tributário não extinto.

15. *In casu*, a autoridade fiscal pretende utilizar-se de dados da CPMF para apuração do imposto de renda relativo ao ano de 1998, tendo sido instaurado procedimento administrativo, razão pela qual merece reforma o acórdão regional.

16. O Supremo Tribunal Federal, em **22.10.2009**, reconheceu a repercussão geral do **Recurso Extraordinário 601.314/SP**, cujo *thema iudicandum* restou assim identificado:

> "Fornecimento de informações sobre movimentação bancária de contribuintes, pelas instituições financeiras, diretamente ao Fisco por meio de procedimento administrativo, sem a prévia autorização judicial. Art. 6º da Lei Complementar 105/2001."

[...]

20. Recurso especial da Fazenda Nacional provido. Acórdão submetido ao regime do artigo 543-C, do CPC, e da Resolução STJ 08/2008.[177]

---

[177] BRASIL. STJ. REsp nº 1134665 / SP. Relator: Min. Luiz Fux. Brasília, 25.11.2009. DJe 18.12.2009. Consulta Processual. Disponível em: <https://ww2.stj.jus.br/processo/pesquisa/?tipoPesquisa=tipoPesquisaNumeroRegistro&termo=200900670344>. Acesso em: 15 jul. 2018.

Portanto, desde 2003 o STJ determina a aplicação da possibilidade de quebra do sigilo bancário pela via administrativa prevista na Lei Complementar nº 105/2001, entendimento esse cristalizado no julgamento proferido em 2009, sob a forma de recurso repetitivo.

Conforme se verifica na ementa transcrita supra, à época do julgamento desse repetitivo, estava em andamento no STF, com repercussão geral reconhecida, o RE nº 601.314/SP, que será analisado mais adiante.

A outra tese firmada em sede de recursos repetitivos pelo STJ relativamente ao tema ora em estudo foi proferida no tema número 590, referente ao tratamento sigiloso que deve ser dado às informações financeiras obtidas em execução fiscal.

O entendimento firmado foi de que "As informações sigilosas das partes devem ser juntadas aos autos do processo que correrá em segredo de justiça, não sendo admitido o arquivamento em apartado."[178]

No julgamento da demanda representativa da controvérsia, foi enfaticamente afirmado que tais informações, não obstante a possibilidade de serem fornecidas de forma administrativa às autoridades fiscais, devem ser consideradas sigilosas e, portanto, os respectivos autos devem correr em segredo de justiça:

> PROCESSUAL CIVIL. TRIBUTÁRIO. RECURSO REPRESENTATIVO DA CONTROVÉRSIA. ART. 543-C, DO CPC. AUSÊNCIA DE VIOLAÇÃO AO ART. 535, CPC. EXECUÇÃO FISCAL. RESPOSTA A REQUISIÇÃO DE INFORMAÇÃO DE CARÁTER SIGILOSO. DISCUSSÃO A RESPEITO DA NECESSIDADE DE ARQUIVAMENTO EM "PASTA PRÓPRIA" FORA DOS AUTOS OU DECRETAÇÃO DE SEGREDO DE JUSTIÇA. ART. 155, I, DO CPC.
> 1. Preliminarmente, quanto à ponderação de desafetação do recurso feita pela FAZENDA NACIONAL observo que pouco importa ao julgamento do feito a caracterização das informações como sujeitas ao sigilo fiscal (declaração de rendimentos e bens do executado) ou ao sigilo bancário (informações sigilosas prestadas via BACENJUD), pois o que se examina verdadeiramente é a correta ou incorreta aplicação do art. 155, I, do CPC, que não discrimina o tipo de sigilo que pretende tutelar. **O objeto do recurso**

---

[178] BRASIL. STJ. Tema/Repetitivo 590. Órgão Julgador: Primeira Seção. Brasília, 22.05.2013. Publ. DJ 31.05.2013. Repetitivos e IAC. Disponível em <http://www.stj.jus.br/repetitivos/temas_repetitivos/pesquisa.jsp>. Acesso em 15 jul. 2018.

especial é a violação ao *direito objetivo*, à letra da lei, e não a questão de fato. Em verdade, sob o manto do **sigilo fiscal** podem estar albergadas informações a respeito da situação financeira da pessoa (inclusive informações bancárias) e sob o manto do **sigilo bancário** podem estar albergadas informações também contidas na declaração de bens. Basta ver que as informações requisitadas pela Secretaria da Receita Federal junto às instituições financeiras deixam de estar protegidas pelo sigilo bancário (arts. 5º e 6º da LC n. 105/2001) e passam à proteção do sigilo fiscal (art. 198, do CTN). Sendo assim, o fato é que **a mesma informação pode ser protegida por um ou outro sigilo, conforme o órgão ou entidade que a manuseia.**
2. Não viola o art. 535, do CPC, o acórdão que decide de forma suficientemente fundamentada, não estando obrigada a Corte de Origem a emitir juízo de valor expresso a respeito de todas as teses e dispositivos legais invocados pelas partes.
3. **Não há no código de processo civil nenhuma previsão para que se crie "pasta própria" fora dos autos da execução fiscal para o arquivamento de documentos submetidos a sigilo.** Antes, nos casos em que o interesse público justificar, cabe ao magistrado limitar às partes o acesso aos autos passando o feito a tramitar em segredo de justiça, na forma do art. 155, I, do CPC.
4. As informações sigilosas das partes devem ser juntadas aos autos do processo que correrá em segredo de justiça, não sendo admitido o arquivamento em apartado. Precedentes: [...].
5. Recurso especial parcialmente provido. Acórdão submetido ao regime do art. 543-C, do CPC, e da Resolução STJ n. 8/2008.[179]

Esse julgamento deixa evidente que o sigilo das informações financeiras permanece protegido sob os deveres de sigilo bancário e fiscal relativamente a terceiros, e somente a estes.

Quinze anos após a publicação da Lei Complementar nº 105/2001, em 24 de fevereiro de 2016, no julgamento do Recurso Extraordinário nº 601.314 (mencionado pelo STJ no julgamento do processo represen-

---

[179] BRASIL. STJ. REsp nº 1349363 / SP. Relator: Min. Mauro Campbell Marques. Brasília, 22.05.2013. DJe 31.05.2013. Consulta Processual. Disponível em: <https://ww2.stj.jus.br/processo/pesquisa/?tipoPesquisa=tipoPesquisaNumeroRegistro&termo=201202189619>. Acesso em: 15 jul. 2018.

tativo da controvérsia do Tema nº 275 já analisado), o STF declarou a constitucionalidade do artigo 6º da Lei Complementar nº 105/2001.

Essa decisão do STF flexibiliza a proteção do sigilo de dados em face do interesse fiscal, em sentido oposto a decisões anteriormente proferidas acerca do tema, entendendo, então, pela possibilidade de que a Receita Federal tenha acesso às informações bancárias de forma administrativa, independentemente de autorização judicial.

Vale mencionar que essa decisão foi proferida na vigência da Emenda Constitucional nº 45/2004, que determinou a necessidade de demonstração de repercussão geral para julgamento dos recursos extraordinários. Neste caso, os processos relativos ao mesmo tema têm seu julgamento sobrestado até a fixação da tese pelo STF, cujo entendimento deve ser aplicado a todos os casos.

Restou assim julgado o Recurso Extraordinário nº 601.314, que fixou a Tese de Repercussão Geral nº 225:

> RECURSO EXTRAORDINÁRIO. REPERCUSSÃO GERAL. DIREITO TRIBUTÁRIO. DIREITO AO SIGILO BANCÁRIO. DEVER DE PAGAR IMPOSTOS. REQUISIÇÃO DE INFORMAÇÃO DA RECEITA FEDERAL ÀS INSTITUIÇÕES FINANCEIRAS. ART. 6º DA LEI COMPLEMENTAR 105/01. MECANISMOS FISCALIZATÓRIOS. APURAÇÃO DE CRÉDITOS RELATIVOS A TRIBUTOS DISTINTOS DA CPMF. PRINCÍPIO DA IRRETROATIVIDADE DA NORMA TRIBUTÁRIA. LEI 10.174/01.
>
> 1. O litígio constitucional posto se traduz em um confronto entre o direito ao sigilo bancário e o dever de pagar tributos, ambos referidos a um mesmo cidadão e de caráter constituinte no que se refere à comunidade política, à luz da finalidade precípua da tributação de realizar a igualdade em seu duplo compromisso, a autonomia individual e o autogoverno coletivo.
>
> 2. Do ponto de vista da autonomia individual, o sigilo bancário é uma das expressões do direito de personalidade que se traduz em ter suas atividades e informações bancárias livres de ingerências ou ofensas, qualificadas como arbitrárias ou ilegais, de quem quer que seja, inclusive do Estado ou da própria instituição financeira.
>
> 3. Entende-se que a igualdade é satisfeita no plano do autogoverno coletivo por meio do pagamento de tributos, na medida da capacidade contributiva do contribuinte, por sua vez vinculado a um Estado soberano comprometido com a satisfação das necessidades coletivas de seu Povo.

4. Verifica-se que o Poder Legislativo não desbordou dos parâmetros constitucionais, ao exercer sua relativa liberdade de conformação da ordem jurídica, na medida em que estabeleceu requisitos objetivos para a requisição de informação pela Administração Tributária às instituições financeiras, assim como manteve o sigilo dos dados a respeito das transações financeiras do contribuinte, observando-se um translado do dever de sigilo da esfera bancária para a fiscal.

5. A alteração na ordem jurídica promovida pela Lei 10.174/01 não atrai a aplicação do princípio da irretroatividade das leis tributárias, uma vez que aquela se encerra na atribuição de competência administrativa à Secretaria da Receita Federal, o que evidencia o caráter instrumental da norma em questão. Aplica-se, portanto, o artigo 144, §1º, do Código Tributário Nacional.

6. Fixação de tese em relação ao item "a" do Tema 225 da sistemática da repercussão geral: "**O art. 6º da Lei Complementar 105/01 não ofende o direito ao sigilo bancário, pois realiza a igualdade em relação aos cidadãos, por meio do princípio da capacidade contributiva, bem como estabelece requisitos objetivos e o translado do dever de sigilo da esfera bancária para a fiscal**".

7. Fixação de tese em relação ao item "b" do Tema 225 da sistemática da repercussão geral: "**A Lei 10.174/01 não atrai a aplicação do princípio da irretroatividade das leis tributárias, tendo em vista o caráter instrumental da norma, nos termos do artigo 144, §1º, do CTN**".

8. Recurso extraordinário a que se nega provimento.[180]

Vale esclarecer que a Lei nº 10.174/01 a que se refere o acórdão supra alterou o parágrafo terceiro do artigo 11 da Lei nº 9.311/96, que disciplinava a antiga Contribuição Provisória sobre Movimentação ou Transmissão de Valores e de Crédito e Direitos de Natureza Financeira (CPMF), e permitia à Secretaria da Receita Federal a utilização das informações recebidas para fins desta Contribuição em procedimento administrativo instaurado com a finalidade de verificar a existência de outros débitos tributários.

---

[180] BRASIL. STF. RE nº 601314. Relator: Min. Edson Fachin. Brasília, 24.02.2016. Publ. DJE 29.02.2016. Acompanhamento processual disponível em: <http://www.stf.jus.br/portal/processo/verProcessoAndamento.asp?incidente=2689108>. Acesso em 15 jul. 2018.

Relativamente a esta decisão, destaca-se o voto do Relator, Ministro Edson Fachin, em que, além de fazer uma ampla análise da contraposição do direito ao sigilo das informações fiscais em face do dever de pagar tributos para a manutenção do Estado, menciona também a adesão do Brasil ao FATCA e AEOI como exemplos da necessidade de se conferir a interpretação conforme a Constituição à possibilidade de a Administração Pública poder obter, de forma administrativa (ressalte-se, somente se houver processo administrativo ou procedimento fiscal em curso) as informações financeiras. De seu voto destacam-se as seguintes passagens:

> **Conclui-se, portanto, que do ponto de vista da autonomia individual, o sigilo bancário é uma das expressões do direito de personalidade que se traduz em ter suas atividades e informações bancárias livres de ingerências ou ofensas, qualificadas como arbitrárias ou ilegais, de quem quer que seja, inclusive do Estado ou da própria instituição financeira.**
> Na perspectiva do autogoverno coletivo, os tributos são contributos indispensáveis a um destino em comum e próspero de todos os membros da comunidade politicamente organizada.
> Nesses termos, tendo em vista a decisão constituinte de formar um Estado Fiscal, pode-se conceber um dever fundamental de pagar tributos, em decorrência do princípio da subsidiariedade, segundo o qual há uma responsabilidade coletiva da comunidade política para satisfazer as necessidades dos cidadãos, especialmente aqueles mais vulneráveis nos aspectos socio-econômicos.
> [...]
> Por outro lado, ressalta-se que o autogoverno coletivo relacionado ao sigilo bancário não se restringe aos limites da territorialidade brasileira, dado que se trata de uma questão transconstitucional, de maneira a demandar tratamento em múltiplos níveis jurídicos. Refere-se, aqui, a um novo paradigma de tributação o qual o notável Professor Titular da USP Heleno Taveira Torres denominou de "Fisco Global".
> Nesse sentido, é digno de nota que o G20, em conjunto com a OCDE, tenham estabelecido um Fórum Global, em abril de 2009, com a missão de acabar com a "era do segredo bancário".
> Desde então, a República brasileira aderiu a diversos tratados internacionais em matéria tributária voltados para trocas, automáticas ou a pedido,

de informações fiscais entre mais de cem países signatários, notadamente a "Convenção Multilateral sobre Assistência Mútua Administrativa em Matéria Fiscal"; e a "Convenção para Troca Automática de Informação Financeira em Matéria Tributária" (*Automatic Exchange of Financial Information in Tax Matters*).

Ademais, o Brasil aderiu ao Programa da OCDE *"Base Erosion and Profit Shifting"*, de modo a evitar os efeitos negativos da chamada concorrência fiscal entre Estados soberanos, especialmente no tocante aos "paraísos fiscais". Recentemente, também chancelou sua adesão ao Programa *"Foreign Account Tax Compliance Act – FACTA"*, o qual permitirá aos EUA enviar ao Governo brasileiro informações que se referem às contas correntes e situações patrimoniais de brasileiros disponíveis no sistema financeiro americano.

No plano empírico, observam-se sérias críticas à legislação tributária do Brasil no tocante à transparência fiscal. A título exemplificativo, no segundo semestre de 2015, a Transparência Internacional (*Transparency International*), organização não-governamental de nível global, divulgou estudo em que se constatou a baixa adequação do quadro legal brasileiro aos princípios de transparência acordados na ambiência do G20, em Sydney, no fim de 2014. Concluiu-se que "O país ainda não possui uma adequada definição de proprietário beneficiário e mecanismos para assegurar que as autoridades competentes estejam aptas para identificar o efetivo proprietário de entidades legais domésticas e internacionais que operam no Brasil".

Em suma, no plano internacional, o Estado brasileiro tem reiteradamente tomado decisões soberanas a fim de se integrar ao conjunto de esforços globais de combate à fraude fiscal internacional, evasão de divisas, lavagem de dinheiro e paraísos fiscais, por meio do aprimoramento da transparência fiscal em relação às pessoas jurídicas e arranjos comerciais.

Tais escolhas políticas parecem acertadas, caso o parâmetro seja a fruição empíricas dos direitos fundamentais, tendo em vista a gravidade da situação brasileira e mundial, como, por exemplo, segundo o Escritório das Nações Unidas sobre Drogas e Crimes, 2 a 5% do PIB global (USD 0,8 a 2 trilhões) passa anualmente por processo de branqueamento de capitais, ao passo que aproximadamente 8% da riqueza mundial está localizada em paraísos fiscais.

Entende-se, por conseguinte, que a igualdade é satisfeita no plano do autogoverno coletivo, por meio do pagamento de tributos, na medida da capacidade contributiva do contribuinte, por sua vez vinculado a

um Estado soberano comprometido com a satisfação das necessidades coletivas de seu Povo.[181]

Interessante trazer, também, a ponderação feita pelo Ministro Luís Roberto Barroso acerca da necessidade de se efetuar a interpretação conforme à Constituição do artigo 6º da Lei Complementar nº 105/2001 em razão do atual panorama mundial sobre o tema, bem como os compromissos internacionais assumidos pelo Brasil:

13. Todos esses instrumentos de direito internacional trazem mecanismos de controle e cooperação internacional que, em maior ou menor medida, pressupõem a coleta interna e o compartilhamento de informações fiscais e econômicas entre Estados. Ou seja, em sede internacional, a abordagem do tema já pressupõe a ausência de empecilhos internos à obtenção dos dados e caminha no sentido de se estabelecer mecanismos que possibilitem as trocas automáticas de informações, inclusive superando a lógica do pedido específico de informações. Isso tem uma explicação que será melhor desenvolvida à frente: as principais democracias do mundo não impõem sigilo aos agentes fiscais em relação aos dados bancários e pautam também suas relações internacionais segundo essa lógica.[182]

O que se percebe das decisões proferidas pelos Tribunais Superiores, portanto, é que a garantia do sigilo das informações financeiras (seja bancário ou fiscal) permanece aplicável.

Importante frisar o fato de que à Administração Tributária somente é conferido o acesso pela via administrativa às informações financeiras se houver processo administrativo ou fiscalização em curso, hipóteses em que não mais será oponível o sigilo, em franca aplicação do princípio da primazia do interesse público (da correta tributação) em relação ao privado (de manter suas informações financeiras sob absoluto sigilo, inclusive em situações em que age de modo a evitar a tributação de parte de sua riqueza), ou mesmo da ponderação entre estes, conforme defendido pela doutrina moderna.

---

[181] Idem, p. 32-36.
[182] Idem, p. 56.

5.3. Situação Atual do Brasil

O Brasil tem se adaptado à tendência mundial de transparência e, recentemente, de troca automática de informações financeiras para fins fiscais. Conforme exposto no item 3.5, o Brasil é um país que, embora tenha em sua legislação dispositivo que protege o sigilo bancário, contém disposição que excepciona essa proteção relativamente às autoridades fiscais, que foi considerada constitucional em decisão recentemente proferida pelo Supremo Tribunal Federal.

Em 03 de novembro de 2011 o Brasil assinou o instrumento de ratificação da Convention on Mutual Administrative Assistance in Tax Matters [Convenção sobre Assistência Administrativa Mútua em Matéria Fiscal], promulgado pelo Decreto nº 8.842, de 29 de agosto de 2016 e já devidamente depositado na OCDE, o que caracteriza o início da obrigatoriedade de suas disposições para o Brasil. Vale dizer que até o presente momento o Brasil não figura entre os membros desta Organização.

Em 23 de setembro de 2014 o Brasil firmou com os Estados Unidos o IGA, promulgado pelo Decreto nº 8.506, de 24 de agosto de 2015. A primeira troca de informações entre Brasil e Estados Unidos no âmbito do FATCA ocorreu em 30 de dezembro de setembro de 2015, e apresentou os seguintes números:

FIGURA 9 – FATCA – Primeira troca de informações

Fonte: Receita Federal, 2016.

Em conformidade com essa tendência mundial, Brasil e Suíça assinaram, em 23 de novembro de 2015, acordo de cooperação mediante "intercâmbio de informações que sejam previsivelmente relevantes para a administração e o cumprimento de suas leis internas relativas aos tributos visados por este Acordo", conforme descrito em seu artigo 1, item 1. A troca de informações prevista nesse acordo é feita mediante requerimento, diretamente entre autoridades tributárias, independentemente de pedido judicial. Este acordo foi aprovado em 21 de setembro de 2017 na Câmara dos Deputados (Projeto de Decreto Legislativo nº 486/2016), mas ainda está em tramitação no Senado Federal (Projeto de Decreto Legislativo nº 179, de 2017), sendo que desde maio de 2018 está pronto para deliberação em plenário[183].

Em 21 de outubro de 2016, o Brasil assinou o MCAA, sendo que as primeiras trocas de informações serão feitas até setembro de 2018 (retroativas a 2017, motivo pelo qual foram alteradas diversas regras relativas ao fornecimento de informações às autoridades fiscais, através da publicação do Ato Declaratório Executivo COFIS nº 15, de 22 de fevereiro de 2018, que em seu anexo único trouxe a nova versão do Manual de Preenchimento da e-Financeira).

A fim de obter informações atualizadas relativamente às trocas de informações no âmbito do FATCA nos anos de 2016 e 2017, bem como quanto às expectativas da Receita Federal do Brasil com relação à primeira troca de informações no âmbito do AEOI, a autora realizou pesquisa de campo através da elaboração de perguntas[184] na página Acesso à Informação (página na *internet*), com a finalidade de obter estatísticas e informações gerais a respeito do FATCA e AEOI.

A resposta ao questionamento foi negativa, sob o fundamento do dever de sigilo imposto pelos acordos internacionais:

> Versa a presente Nota sobre resposta de questionamento encaminhado por cidadão relativo ao intercâmbio de informações entre o Brasil e os Estados Unidos da América (EUA) amparado pelo Foreign Account Tax Compliance Act (FATCA), bem como entre o Brasil e outras jurisdições

---

[183] SENADO FEDERAL. **Atividade legislativa**. Projeto de Decreto Legislativo (SF) nº 179, de 2017. Disponível em: <https://www25.senado.leg.br/web/atividade/materias/-/materia/130977>. Acesso em: 12 ago. 2018.

[184] Apêndice A – Transcrição das Perguntas Elaboradas na Página Acesso à Informação.

amparado pelo Common Reporting Standard (CRS). Em linhas gerais, a Sra. Andréa Oliveira Silva Luz busca informações sobre a efetividade de tais acordos e questiona (i) se o FATCA gerou autuações e qual o valor de tais autuações; (ii) qual volume e a qualidade das informações recebidas; (iii) se existem diferenças de resultados entre os anos de 2015 a 2017; (iv) se durante o período em questão a Secretaria da Receita Federal do Brasil (RFB) percebeu mudanças no comportamento dos contribuintes; e (v) se existe alguma estimativa de valores passíveis de autuação com relação aos dados que serão recebidos em função do CRS.

2. Tais solicitações estão amparadas pela Lei nº 12.527, de 18 de novembro de 2011. Todavia, é preciso ressaltar que o art. 22 desta mesma Lei estabelece que:

[...]. "O disposto nesta Lei não exclui as demais hipóteses legais de sigilo e de segredo de justiça, nem as hipóteses de segredo industrial decorrentes da exploração direta de atividade econômica pelo Estado ou por pessoa física ou entidade privada que tenha qualquer vínculo com o poder público."
[...].

3. Dessa forma, em conformidade com o art. 22 da Lei nº 12.527, de 2011, e levando em consideração o art. 3º, inciso 7º do Acordo entre o Governo da República Federativa do Brasil e o Governo dos Estados Unidos da América para Melhoria da Observância Tributária Internacional e Implementação do FATCA, promulgado pelo Decreto nº 8.506, de 24 de agosto de 2015, bem como o art. VIII do Acordo entre o Governo da República Federativa do Brasil e o Governo dos Estados Unidos da América para o Intercâmbio de Informações Relativas a Tributo, promulgado por meio do Decreto nº 8.003, de 15 de maio de 2013, entende-se que tais informações devam ser tratadas como não passíveis de divulgação.

4. Da mesma forma, em conformidade com o art. 22 da Convenção sobre Assistência Mútua Administrativa em Matéria Tributária, promulgada pelo Decreto nº 8.842, de 29 de agosto de 2016, entende-se que as informações que vierem a ser recebidas sob o amparo do CRS também devem ser tratadas como não passíveis de divulgação.

5. Por fim, vale ressaltar que as informações solicitadas pela Sra. Andréa Oliveira Silva Luz podem prejudicar as relações entre a Administração Tributária do Brasil e as demais Administrações Tributárias com as quais o País mantém relações de intercâmbio de informações, além de comprometerem fiscalizações em curso que estão sendo conduzidas pela RFB.

6. Diante do acima exposto, recomenda-se que seja negada a solicitação de informações sobre o intercâmbio de informações provenientes do FATCA e do CRS e propõe-se o encaminhamento da negativa para a Ouvidoria da RFB, a fim de dar prosseguimento ao processo.[185]

A resposta acima demonstra o tratamento sigiloso dado às informações fornecidas e recebidas, o que evidencia a manutenção do sigilo das informações financeiras, no caso, o sigilo fiscal, mesmo diante de um questionamento que buscava dados estatísticos e conhecer expectativas sobre o tema.

Em 30 de maio de 2017, o Brasil apresentou proposta de adesão à OCDE. Este fato traz à tona o debate acerca de soberania e hierarquia da legislação, uma vez que, conforme afirmado anteriormente, as decisões proferidas por essa Organização são de observância obrigatória por seus países membros.

A importância da análise do tema reside no fato de que o Brasil, até referida manifestação, não obstante figurar na lista de países que são parceiros-chave dessa Organização, havia aderido há apenas trinta e seis dos duzentos e quarenta Instrumentos Normativos expedidos por esse organismo internacional. E, repentinamente, após apresentar sua proposta de tornar-se membro dessa Organização, encaminhou notificação, em 06 de setembro do mesmo ano, notificou sua adesão a trinta e um Instrumentos e estuda a adesão a outros trinta, em franca demonstração de sua adequação às diretrizes da Organização.

Apesar de o Brasil ser um país parceiro da OCDE há muitos anos, durante todo esse tempo optou por não aderir à maioria de seus instrumentos, sob o argumento de que os mesmos estariam em desacordo com a legislação interna.

Um exemplo são as regras de preços de transferência. A adaptação das normas brasileiras àquelas amplamente divulgadas pela OCDE, tanto em relação aos acordos para evitar a bitributação, quanto em algumas das ações divulgadas para o programa BEPS será essencial, uma vez que este é um tema extremamente sensível, que já causou inúmeros problemas, pois "os parâmetros da legislação doméstica no Brasil para controle de Preços de Transferência são muito específicos em percen-

---

[185] Anexo A – Pesquisa de campo – Secretaria da Receita Federal do Brasil.

tuais de fixação de lucro e mais abrangentes nos conceitos de cálculo matemático"[186], de modo que atinge situações que vão além daquelas abrangidas pelo modelo sugerido pela OCDE (repita-se, de observância obrigatória para seus membros).

Este é apenas um exemplo de tema que, se for adotado pelo Brasil, mostra a força que as normas proferidas por organismos internacionais possuem frente à soberania dos Estados, que os leva a, inevitavelmente, alterar sua legislação interna a fim de adequá-la aos parâmetros por eles traçados.

Quanto aos acordos para evitar a dupla tributação, o Brasil revisou o artigo 26 de seu acordo, para adequá-los às alterações introduzidas pela OCDE em seu modelo no ano de 2005, com a Índia, Noruega, Coreia, África do Sul e Argentina, sendo que, até 15 de agosto de 2018, a única alteração vigente é a celebrada com a Índia (promulgada pelo Decreto nº 9.219, de 04 de dezembro de 2017), enquanto com os demais países estão a aguardar ratificação (Noruega) ou promulgação, conforme pesquisa no *site* Concórdia.

Em 03 de maio de 2018 Brasil e Suíça assinaram a Convenção para Eliminar a Dupla Tributação em Relação aos Tributos sobre a Renda e Prevenir a Evasão e a Elisão Fiscais, cuja entrada em vigor ocorrerá apenas após todo o trâmite exposto no item 2.2 deste estudo.

Os acordos para evitar a bitributação são bastante importantes neste momento de troca automática de informações pois, conforme apurado na pesquisa de campo efetuada, existe (ainda que pequeno) um risco de tributar duas vezes a mesma riqueza, problema este que pode ser solucionado através destes instrumentos, ou segundo a legislação interna dos países envolvidos[187].

Questionada a respeito das vantagens e desvantagens do Brasil aderir ao FATCA, a delegada da Receita Federal assinalou como vantagem o fato de o país continuar atraente ao investidor estrangeiro, bem como o fato de receber informações dos Estados Unidos relativas a contribuintes

---

[186] JESUS, Fernando Bonfá de; JESUS, Isabela Bonfá de. Tratados Internacionais e os Efeitos da Lei do Preço de Transferência. In: CARRAZZA, Elisabeth Nazar (Coord.); JESUS, Isabela Bonfá de (Org.). **Atualidades do Sistema Tributário Nacional.** São Paulo: Quartier Latin. 2015. p. 171.

[187] Anexo C – Pesquisa de campo – Questionários respondidos. Resposta de Marcelo Fonseca Vicentini à pergunta nº 9.

brasileiros; como desvantagem, apontou a necessidade de o país se adequar às exigências, o que, no caso do Brasil, ocorreu através da criação da e-Financeira pela Receita Federal, para atender às exigências do compromisso firmado[188].

Relativamente à AEOI, a vantagem reside no fato de que as informações não mais precisarão ser requisitadas, mas serão fornecidas automaticamente pelos países convenentes, permanecendo disponíveis às respectivas autoridades tributárias, e como desvantagem, novamente, o fato de precisar adequar os mecanismos internos para a nova demanda, no caso, através da atualização das regras e manual de preenchimento da e-Financeira[189].

Sobre a e-Financeira e o sigilo das informações, vale destacar a seguinte observação, feita por Marcelo Fonseca Vicentini:

> O governo brasileiro buscou incluir nas obrigações acessórias (especialmente no e-financeira) informações para atender as regras do FATCA/CRS, mas ao mesmo tempo informações úteis à própria receita federal (no interesse da fiscalização). Considerando o nível de segurança definido para envio das informações (A3 – com criptografia) bem como a definição do envio das informações para a autoridade fiscal e posteriormente a própria autoridade fiscal enviando as informações para outros governos, entendo que sim, o governo brasileiro tem agido de modo a resguardar o sigilo bancário/fiscal de brasileiros e estrangeiros residentes.[190]

Apesar de ter sido desenvolvida com a finalidade de atender às demandas do FATCA e AEOI, a e-Financeira tornou-se um forte instrumento de coleta de informações financeiras por parte da Receita Federal do Brasil, nos termos previstos pela Lei Complementar nº 105/2001.

Por seu turno, é possível afirmar que o sigilo das informações financeiras, em âmbito bancário e fiscal, resta plenamente preservado, uma vez que as informações são transmitidas de modo criptografado (de modo a impossibilitar o acesso de pessoas não autorizadas ou *hackers* às mesmas).

---

[188] Anexo B – Pesquisa de Campo – Resposta de Delegada da Receita Federal a pedido de informação realizado na Ouvidoria à pergunta nº 1.
[189] Idem, pergunta nº 2.
[190] Anexo C – Pesquisa de campo – Questionários respondidos. Resposta de Marcelo Fonseca Vicentini à pergunta nº 2.

EVOLUÇÃO DO TEMA NO BRASIL

Por sua vez, os bancos localizados no Brasil precisaram se adaptar a todas essas mudanças. Uma delas foi a necessidade de exigir dos clientes *US-persons* o preenchimento dos formulários exigidos pelo FATCA. Na pesquisa de campo realizada, foi questionado acerca do procedimento adotado pelas instituições financeiras em que trabalham com relação aos clientes *US-persons* que se recusarem a fornecer informações ao fisco norte-americano.

Um dos bancos trata o assunto como sigiloso, motivo pelo qual não foi possível obter essa informação. Outro, não enfrentou esse problema, e não foi mencionado haver um procedimento preestabelecido para tanto. O terceiro não deixou claro se o procedimento já teria sido adotado, mas a informação foi a seguinte:

> Sim, temos clientes US-person. Se o Banco identificar um cliente com indícios de ser um US-person e este cliente se recusar a entregar um Wform – depois de várias tentativas, encerramos o relacionamento com esse cliente. O mesmo aplicamos ao CRS[191].

Verifica-se, portanto, atuação rigorosa de um dos bancos com relação aos clientes recalcitrantes (empregando a expressão utilizada pela legislação do FATCA), que pode chegar ao encerramento do relacionamento com o cliente, o que denota a força desse programa, repita-se, criado pela legislação interna dos Estados Unidos e imposto mundialmente a países e instituições financeiras, uma vez que possui previsão de requisição de informações adicionais diretamente a instituições financeiras[192].

Interessante sublinhar o fato de que os acordos para troca de informações acabaram por provocar mudanças no comportamento dos contribuintes, conforme foi possível apurar na pesquisa de campo. Pessoas físicas e jurídicas, sobretudo as que contam com estruturas complexas (em matéria tributária e/ou societária) passaram a buscar assessorias para avaliação dos riscos[193], o que acabou levando muitos contribuintes brasileiros a aderirem ao RERCT[194], que disciplina a regularização de

---

[191] Anexo C – Pesquisa de campo – Questionários respondidos. Resposta de Juliano Fernandes Ayres à pergunta nº 8.
[192] Idem. Resposta de Marcelo Fonseca Vicentini à pergunta nº 9.
[193] *Ibidem*. Pergunta nº 12.
[194] Anexo B – Pesquisa de Campo – Resposta de Delegada da Receita Federal a pedido de informação realizado na Ouvidoria à pergunta nº 17.

"recursos, bens ou direitos de origem lícita, não declarados ou declarados incorretamente, remetidos, mantidos no exterior ou repatriados por residentes ou domiciliados no País"[195].

A primeira etapa do programa RERCT, encerrada em outubro de 2016, obteve os seguintes resultados:

FIGURA 10 – Resultado da primeira fase do programa RERCT

Tipo de Contribuinte	Quantidade de DERCAT	Total de Ativos	Imposto de Renda	Multa de Regularização
PF	25.011	R$ 163.875.845.155,55	R$ 24.581.376.778,83	R$ 24.580.523.571,35
PJ	103	R$ 6.064.932.752,74	R$ 909.739.912,95	R$ 909.738.299,22
Total	25.114	R$ 169.940.777.908,29	R$ 25.491.116.691,78	R$ 25.490.261.870,57

Fonte: Receita Federal, 2016.

A segunda etapa do programa, instituída através da Lei nº 13.428, de 30 de março de 2017, que alterou a Lei nº 13.254, de 13 de janeiro de 2016, e concedeu o prazo de 03 de abril de 2017 a 31 de julho de 2017 para nova regularização, obteve o seguinte resultado:

FIGURA 11 – Resultado da segunda fase do programa RERCT

Tipo	Ativas	Total de Bens Declarados	Total do Imposto Apurado	Total de Multa Apurada
Pessoa Física	1915	R$ 4.546.405.717,29	R$ 681.960.857,97	R$ 920.561.398,84
Pessoa Jurídica	20	R$ 35.799.401,05	R$ 5.369.910,17	R$ 7.248.963,93
TOTAL	1935	R$ 4.582.205.118,34	R$ 687.330.768,14	R$ 927.810.362,77

Fonte: Receita Federal, 2017.

Somados os dois períodos, o programa permitiu a regularização de quase cento e setenta e cinco bilhões de reais em ativos, que geraram uma arrecadação de mais de cinquenta e dois bilhões de reais entre im-

---

[195] BRASIL. Lei nº 13.254, de 13 de janeiro de 2016. Dispõe sobre o Regime Especial de Regularização Cambial e Tributária (RERCT) de recursos, bens ou direitos de origem lícita, não declarados ou declarados incorretamente, remetidos, mantidos no exterior ou repatriados por residentes ou domiciliados no País. **Presidência da República**. Brasília, DF, 14 jan. 2016. Disponível em: <http://www.planalto.gov.br/ccivil_03/_Ato2015-2018/2016/Lei/L13254.htm>. Acesso em: 20 ago. 2018.

postos e multas. Sem dúvida, muitos contribuintes brasileiros mostraram preocupação em relação ao FATCA e AEOI e optaram pela regularização de sua situação fiscal.

E não apenas de contribuintes, pois os bancos suíços, em razão da assinatura do acordo de cooperação Brasil-Suíça e da legislação brasileira RERCT, passaram a exigir de seus clientes a comprovação de regularização dos mantidos nessas instituições perante as autoridades fiscais brasileiras. Conforme artigo publicado no jornal Valor Econômico em 18 de outubro de 2016, o banco UBS chegou a exigir de seus clientes o envio de prova documental de tal regularização ou, caso tal comprovação não fosse possível, que estes encaminhassem instruções para o encerramento de suas contas[196].

Em resposta a questionamento feito na página da Secretaria de Finanças Internacionais suíça a respeito deste tema, a autora recebeu a seguinte informação:

> Regarding Brazil, Switzerland and Brazil signed a joint declaration on 18 November 2016 on the introduction of the automatic exchange of information (AEOI) in tax matters on a reciprocal basis. Both countries intend to start collecting data in accordance with the global AEOI standard in 2018 and to exchange it from 2019 onwards. In this context, it is possible that some Swiss banks may have asked their Brazilian customers to prove compliance with the Brazilian tax legislation. We do not have specific information on this issue.[197]

Portanto, a pressão exercida pelos bancos suíços não foi feita em observância a uma determinação do governo desse país, mas uma postura

---

[196] CARRO, Rodrigo. Brasileiros são forçados a regularizar conta na Suíça. **Valor Econômico.** São Paulo, p. 1-1. 18 out. 2016. Disponível em: <https://www.valor.com.br/financas/4748107/brasileiros-sao-forcados-regularizar-conta-na-suica>. Acesso em: 20 ago. 2018.

[197] ANEXO D – Resposta a pedido de informação à Secretaria de Finanças Internacionais suíça. Em relação ao Brasil, a Suíça e o Brasil assinaram uma declaração conjunta em 18 de novembro de 2016 sobre a introdução da troca automática de informações (AEOI) em questões tributárias em bases recíprocas. Ambos os países pretendem começar a coletar dados de acordo com o padrão global da AEOI em 2018 e trocá-los a partir de 2019. Nesse contexto, é possível que alguns bancos suíços possam ter pedido a seus clientes brasileiros que comprovassem o cumprimento da legislação tributária brasileira. Nós não temos informações específicas sobre esta questão. (tradução livre).

adotada com a finalidade de evitar se expor a uma possível retaliação em suas operações estrangeiras, a exemplo da ameaça sofrida pelo UBS à época do escândalo de evasão fiscal com clientes norte-americanos.

Desta forma, é possível afirmar que o sigilo das informações financeiras, seja bancário ou fiscal, está preservado no Brasil, mas, repita-se, não mais oponível às autoridades tributárias, que têm acesso a tais informações conforme legislação em vigor, inclusive para que possam cumprir com os compromissos assumidos nos acordos para troca de informações para fins fiscais. E isso se mostra positivo quando se analisam os números de arrecadação do programa de regularização RERCT que antecedeu o início da troca de informações no âmbito do AEOI.

6. Conclusão

Os acordos para troca de informações para fins fiscais foram a medida encontrada por diversos países para garantir mais transparência às relações financeiras ocorridas no âmbito internacional, permitindo, assim, que sejam devidamente tributadas todas as riquezas produzidas, dentro e fora dos seus limites territoriais.

Isto porque o Estado do Bem-Estar Social, modelo adotado atualmente pela maioria dos países, exige que estes despendam grandes valores na realização de seus objetivos sociais. Para tanto, é necessária a arrecadação de impostos, a principal fonte de receita dos Estados, em franco exercício do princípio da supremacia do interesse público sobre o interesse particular (ou mesmo a ponderação entre estes) – no caso, o interesse do particular acumular riquezas apenas para si é flexibilizado em relação ao compromisso constitucional do Estado (no caso do Brasil) de prestar serviços públicos e garantir o bem-estar geral da sociedade.

Analisando-se do ponto de vista legislativo, as normas que regulam a matéria fazem parte do que se denomina Direito Administrativo Global, ou Governança Transnacional, uma vez que são verdadeiras normas de governança, que não se enquadram nas clássicas normas de Direito Internacional, mas as transcendem, sendo provenientes de diferentes tipos de fontes, cuja legitimidade pode (mas talvez não seja conveniente) ser contestada.

Nesse sentido se mostra o FATCA, modelo norte-americano de troca de informações, cuja imposição encontra fundamento em sua posição dominante em relação ao mercado financeiro global, sendo, portanto, questionável sua legitimidade, não obstante seja reconhecida pelos demais países. Utiliza de sua grande influência e poder econômico para obrigar a adesão, sob pena de retenção de 30% do valor de todas as transações financeiras, a título de penalidade.

O Modelo 1 do FATCA, em certa medida, respeita a soberania nacional, uma vez que a troca de informações se dá em nível governamental. Também respeita, nos casos em que há reciprocidade (ou seja, nos casos em que os Estados Unidos da América se comprometem a fornecer as mesmas informações sobre os cidadãos do país acordante), a segurança e sigilo da informação, eis que prevê a assinatura de um compromisso nesses termos.

Já o Modelo 2 parece desconsiderar, total ou parcialmente, a soberania nacional, uma vez que, após a assinatura do acordo, prevê uma espécie de "invasão" à jurisdição de outros países para obrigar diretamente as instituições financeiras a fornecerem as informações e cominando penalidades em caso de descumprimento.

Há muitos anos, a Suíça era conhecida por ser um país com tributação favorecida, em que o sigilo bancário era direito fortemente assegurado. Entretanto, após diversos problemas enfrentados com países que condenaram sua prática, a Suíça se viu obrigada a aderir ao FATCA e assinou, em 19 de novembro de 2014, o Multilateral Competent Authority Agreement, tornando-se o quinquagésimo segundo signatário desse documento no âmbito da OCDE, comprometendo-se a implementar a troca automática de informações com países estrangeiros, para fins fiscais, a partir de 2018. Além disso, assinou acordos com outros países não membros da OCDE, como o Brasil, numa franca demonstração de que não há como lutar contra essa tendência mundial.

Neste cenário se mostrou a força do poder econômico dos Estados Unidos, que conseguiu impor a observância de sua legislação interna a outros países, que perderiam competitividade no mercado mundial caso decidissem não aderir a tais regras.

É importante destacar, rapidamente, a contradição existente entre a postura do país em relação aos demais e aquela adotada em suas instituições, quando se buscou informações complementares e adicionais. Essa experiência apenas reforçou o resultado obtido pela pesquisa do TJN relativamente ao sigilo e demonstrou que, de fato, apesar de exigir dos

CONCLUSÃO

demais países transparência, o governo dos Estados Unidos não a pratica na mesma intensidade que a exige.

Retomando a questão do sigilo, o Brasil cuja legislação disciplina a proteção não apenas do sigilo bancário, como também do sigilo fiscal, em nível constitucional e infraconstitucional, também assinou referidos acordos. E, para viabilizar sua execução, fez as necessárias alterações legais, consideradas em conformidade com a Constituição, com fundamento no novo panorama mundial, bem como instituiu novas obrigações acessórias (e-Financeira, de apresentação obrigatória por bancos e instituições financeiras) a fim de melhor atender a tais demandas.

As alterações introduzidas provocaram uma mudança de comportamento do contribuinte brasileiro (muitos aderiram ao programa de repatriação de ativos disponibilizado pelo governo brasileiro) e do cidadão estrangeiro que possui conta em bancos localizados do Brasil (que precisaram, no caso do FATCA, assinar declaração permitindo o fornecimento de suas informações financeiras ao IRS), além de demandar novas atividades e decisões das instituições financeiras (que passaram a fornecer mais informações à Receita Federal brasileira e tiveram que tomar decisões a respeito de clientes norte-americanos recalcitrantes) e da Receita Federal brasileira (que precisa compilar as informações recebidas e transmiti-las às autoridades fiscais dos demais países e analisar a diversidade de informações recebidas, para fins de fiscalização e eventual cobrança de tributos e penalidades).

É possível então concluir que o sigilo bancário permanece sendo protegido no Brasil, mas já não mais tão enfaticamente como há alguns anos. O bem comum buscado através da correta tributação da totalidade das riquezas de todos os sujeitos passivos prevalece em relação ao direito individual à privacidade ou ao sigilo dos dados.

Não há que se falar em proteção do contribuinte brasileiro neste caso. A transparência e a troca de informações, não obstante serem inicialmente contrárias à legislação vigente à época, trazem em seu bojo uma finalidade de justiça na distribuição da carga tributária, capazes de permitir a correta tributação das riquezas, o que, em conjunto com ações efetivas de combate à corrupção, seria capaz de proporcionar arrecadação suficiente para manutenção do Estado e dos serviços públicos prestados.

REFERÊNCIAS BIBLIOGRÁFICAS

ABBOTT, Kenneth W.; SNIDALL, Duncan. The Governance Triangle: Regulatory Standards Institutions and the Shadow of the State. In: MATTLI, Walter; WOODS, Ngaire (Ed.). **The Politics of Global Regulation.** Princeton: Princeton Press, 2009. Cap. 2. p. 44-88.

ABRÃO, Nelson. **Direito Bancário.** 8. ed. São Paulo: Saraiva, 2002. 473 p. Revista, atualizada e ampliada por Carlos Henrique Abrão.

ARCHIVIO DI STATO DI GENOVA. **La Casa dele Compere e dei Banchi di San Giorgio.** Genova. Disponível em: <http://www.lacasadisangiorgio.it/main.php?do=home>. Acesso em: 21 jun. 2018.

AVANT, Deborah D.; FINNEMORE, Martha; SELL, Susan K. (Ed.). Who Governs the Globe? In: AVANT, Deborah D.; FINNEMORE, Martha; SELL, Susan K. (Ed.). **Who Governs the Globe?** Cambridge: Cambridge University Press, 2010. Cap. 1. p. 1-31.

ÁVILA, Humberto Bergmann. Repensando o "princípio da supremacia do interesse público sobre o particular". **Revista Trimestral de Direito Público**, São Paulo, n. 24/1998, p.159-180.

BANK FOR INTERNATIONAL SETTLEMENTS (BIS). **Customer due diligence for banks.** Outubro, 2001. Disponível em: <https://www.bis.org/publ/bcbs85.pdf>. Acesso em: 24 jun. 2018.

BARROS, Alberto Ribeiro de. O conceito de soberania no Methodus de Jean Bodin. **Discurso.** São Paulo, v. 27, n. 1, p. 139-155, dez. 1996. ISSN 2318-8863. Disponível em: <http://www.revistas.usp.br/discurso/article/view/140419/135461>. Acesso em: 10 mar. 2018.

BARROS, Werner de. Banking Secrecy Today. **University Of Pennsylvania Journal Of International Law**, [s. L.], v. 10, p.57-70, winter 1998. Disponível em: <https://scholarship.law.upenn.edu/jil/vol10/iss1/2/>. Acesso em: 27 mai. 2018.

CARRO, Rodrigo. Brasileiros são forçados a regularizar conta na Suíça. **Valor Econômico**. São Paulo, p. 1-1. 18 out. 2016. Disponível em: <https://www.valor.com.br/financas/4748107/brasileiros-sao-forcados-regularizar-conta-na-suica>. Acesso em: 20 ago. 2018.

CARVALHO FILHO, José dos Santos. **Manual de direito administrativo**. 27ª ed. rev., ampl. e atual. São Paulo: Atlas, 2014. 1285 p.

CHAMMAS, Rubens Nora. Sigilo Bancário no Direito Comparado. In: _____. **Sigilo Bancário e Justiça Fiscal.** 2006. Fl. 112-169. Dissertação (Mestrado em Direito) – Universidade Estácio de Sá, Rio de Janeiro, 2006. Disponível em: <http://www.estacio.br/mestrado/direito/dissertacao/trabalhos/RUBEN_CHAMMCH.pdf>. Acesso em: 11 mar. 2018.

COELHO, Carolina Reis Jatobá. Sigilo Bancário e Governança Global: a Incorporação do F.A.T.C.A. – Foreign Account Tax Compliance Act no Ordenamento Jurídico Brasileiro Diante o Impacto Regulatório Internacional. **Revista da Receita Federal: Estudos Tributários e Aduaneiros**. Brasília, v. 1, n. 1, p.217-232, dez. 2015. Disponível em: <https://www.editoraroncarati.com.br/v2/phocadownload/revista_receita_federal_n2_2015_fatca.pdf>. Acesso em: 24 jun. 2018.

COMISSÃO EUROPEIA. **Comunicação da Comissão ao Parlamento Europeu e ao Conselho: Plano de ação para reforçar a luta contra a fraude e a evasão fiscais**. Disponível em: <https://ec.europa.eu/taxation_customs/sites/taxation/files/com_2012_722_pt.pdf>. Acesso em 01 jun. 2018.

CORDEIRO, António Menezes. **Manual de Direito Bancário**. 3. ed. aumentada e totalmente revista Coimbra: Edições Almedina Sa, 2006. 1050 p.

DALLARI, Dalmo de Abreu. **Elementos de teoria geral do Estado**. São Paulo: Saraiva, 1995. 260p.

DJELIC, Marie-laure; SAHLIN-ANDERSSON, Kerstin (Ed.). Introduction: A world of governance: The rise of transnational regulation. In: DJELIC, Marie-laure; SAHLIN-ANDERSSON, Kerstin (Ed.). **Transnational Governance – Institutional Dynamics of Regulation**. New York: Cambridge University Press, 2008. p. 1-28.

EMMENEGGER, Patrick. Swiss banking secrecy and the problem of international cooperation in tax matters: A nut too hard to crack?. **Regulation & Governance**, [s.l.], v. 11, n. 1, p.24-40, 26 nov. 2015. Disponível em: <https://doi.org/10.1111/rego.12106>. Acesso em: 20 out. 2016.

REFERÊNCIAS BIBLIOGRÁFICAS

FEDERAL TRADE COMISSION. **Gramm-Leach-Bliley Act**. Washington. Disponível em: <https://www.ftc.gov/tips-advice/business-center/privacy-and-security/gramm-leach-bliley-act>. Acesso em 28 mai. 2018.

FERREIRA, Gustavo Assed. A legitimidade do estado e a supremacia do interesse público sobre o interesse particular. In: MARRARA, Thiago (Org.). **Princípios de Direito Administrativo:** Legalidade, segurança jurídica, impessoalidade, publicidade, motivação, eficiência, moralidade, razoabilidade, interesse público. São Paulo: Atlas, 2012. Cap. 22. p. 441-451.

G7 INFORMATION CENTRE. **Economic Communiqué: Making a Success of Globalization for the Benefit of All**. Lyon, 28 jun. 1996. Disponível em: <http://www.g8.utoronto.ca/summit/1996lyon/communique.html>. Acesso em: 01 jun. 2018.

G7 INFORMATION CENTRE. **Confronting Global Economic and Financial Challenges: Denver Summit Statement by Seven**. Denver, 21 jun. 1997. Disponível em: <http://www.g8.utoronto.ca/summit/1997denver/confront.htm>. Acesso em: 01 jun. 2018. (tradução livre).

G20 INFORMATION CENTRE. **Declaração dos Líderes do G20 em Londres**. Londres, 02 abr. 2009. Disponível em: <http://www.g20.utoronto.ca/2009/2009communique0402-br.html>. Acesso em: 01 jun. 2018.

GEISER, Urs. Sigilo bancário doméstico não será colocado em votação. **Swissinfo.ch**. [s.i.], p. 1-2. 10 jan. 2018. Disponível em: <https://www.swissinfo.ch/por/iniciativa-cancelada_segredo-banc%C3%A1rio-dom%C3%A9stico-n%C3%A3o-ser%C3%A1-colocado-em-vota%C3%A7%C3%A3o/43812320>. Acesso em: 05 ago. 2018.

HARADA, Kiyoshi. **Direito Financeiro e Tributário**. São Paulo: Atlas, 1998. 393 p.

HELLEINER, Eric. Regulating the Regulators: The Emergence and Limits of the Transnational Financial Legal Order. In: HALLIDAY, Terence; SHAFFER, Gregory (Ed.). **Transnational Legal Orders.** New York: Cambridge University Press, 2014. Cap. 6. p. 231-257. (Cambridge studies in law and society).

HSBC. **Glossary of CRS terms**. Disponível em: <https://www.crs.hsbc.com/en/glossary>. Acesso em: 21 jun. 2018.

IRS. **Summary of FATCA Reporting for U.S. Taxpayers.** Disponível em: <https://www.irs.gov/businesses/corporations/summary-of-fatca-reporting-for-us-taxpayers>. Acesso em: 28 mai. 2018.

IRS. **Classification of Taxpayers for U.S. Tax Purposes**. Disponível em: <https://www.irs.gov/individuals/international-taxpayers/classification-of-taxpayers-for-us-tax-purposes>. Acesso em: 19 jun. 2018.

IRS. **Determining Alien Tax Status**. Disponível em: <https://www.irs.gov/individuals/international-taxpayers/determining-alien-tax-status>. Acesso em: 19 jun. 2018.

IRS. **FATCA Information for Governments**. Disponível em: <https://www.irs.gov/businesses/corporations/fatca-governments>. Acesso em 09 jun. 2018.

JESUS, Fernando Bonfá de; JESUS, Isabela Bonfá de. Tratados Internacionais e os Efeitos da Lei do Preço de Transferência. In: CARRAZZA, Elisabeth Nazar (Coord.); JESUS, Isabela Bonfá de (Org.). **Atualidades do Sistema Tributário Nacional.** São Paulo: Quartier Latin. 2015. p. 167-176.

JOHANNESEN, Niels; ZUCMAN, Gabriel. The End of Bank Secrecy? An Evaluation of the G20 Tax Haven Crackdown. **American Economic Journal**: Economic Policy, [s.l.], v. 6, n. 1, p.65-91, fev. 2014. Disponível em: <http://eprints.lse.ac.uk/56125/>. Acesso em: 25 out. 2016.

KINGSBURY, Benedict. The Concept of 'Law' in Global Administrative Law. **European Journal Of International Law**, Oxford, v. 20, n. 1, p. 23-57, 1 fev. 2009. Disponível em: <https://academic.oup.com/ejil/article/20/1/23/444762>. Acesso em: 10 jun. 2018.

KNAPP, Oscar. Órfãos do conhecimento histórico. **Folha de S. Paulo,** São Paulo, 31 out. 1997. Opinião, pg. 3. Disponível em: < https://www1.folha.uol.com.br/fsp/opiniao/fz311010.htm>. Acesso em: 24 jun. 2018.

LITRENTO, Oliveiros Lessa. A soberania em mudança. **Revista de Ciência Política**. Rio de Janeiro, v. 27, n. 2, p. 50-97, mai. 1984. ISSN 0034-8023. Disponível em: <http://bibliotecadigital.fgv.br/ojs/index.php/rcp/article/view/60387/58654>. Acesso em: 10 mar. 2018.

MARTINS FILHO, Ives Gandra da Silva. **O princípio ético do bem comum e a concepção jurídica do interesse público.** 2000. Disponível em: <https://juslaboris.tst.jus.br/handle/20.500.12178/84843>. Acesso em: 06 fev. 2019.

MAZZUOLI, Valerio de Oliveira. **Curso de direito internacional público.** 9. ed. rev., atual. e ampl. São Paulo: Revista dos Tribunais, 2015. 1278 p.

MÉGRET, Frédéric. International law as law. In: CRAWFORD, James; KOSKENNIEMI, Martti (Eds.). **The Cambridge Companion to International Law**. Cambridge: Cambridge University Press. p. 64-92. Disponível em: <https://www.cambridge.org/core/books/cambridge-companion-to-international-

-law/international-law-as-law/3183B2BEBFCDE04EF9C8B2E918BF6C6F>. Acesso em: 12 fev. 2019.

MEIRELLES, Hely Lopes; BURLE FILHO, José Emmanuel. **Direito Administrativo Brasileiro.** 42. ed. São Paulo: Malheiros, 2016. 975 p.

MELLO, Celso Antônio Bandeira de. **Curso de direito administrativo.** 32. ed. rev. e atual. São Paulo: Malheiros, 2015. 1150 p.

MINISTÉRIO DAS RELAÇÕES EXTERIORES. **Acordo, por troca de notas, sobre a isenção bilateral de vistos de curta duração a portadores de passaportes comuns entre o governo da República Federativa do Brasil e o governo da República da Indonésia.** Jacarta, 11 mai. 2018. Disponível em: <https://concordia.itamaraty.gov.br/detalhamento/12152>. Acesso em: 03 jul. 2018.

MINISTÉRIO DAS RELAÇÕES EXTERIORES. **Atos Internacionais.** Disponível em: <https://concordia.itamaraty.gov.br/atos-internacionais>. Acesso em 03 jul. 2018.

NOHARA, Irene Patrícia. **Direito administrativo.** 8. ed. São Paulo: Atlas, 2018. 998 p.

OCDE. **About the OECD.** Disponível em: <http://www.oecd.org/about/>. Acesso em: 16 ago. 2018.

OCDE. **Convention on Administrative Mutual Administrative Assistance in Tax Matters.** Jurisdictions participating in the convention on mutual administrative assistance in tax matters. 27 jul. 2018. Disponível em: <http://www.oecd.org/tax/exchange-of-tax-information/Status_of_convention.pdf>. Acesso em: 05 ago. 2018.

OCDE. **Harmful Tax Competition: An Emerging Global Issue.** 1998. Disponível em: <http://www.oecd.org/tax/transparency/about-the-global-forum/publications/harmful-tax-competition-emerging-global-issue.pdf>. Acesso em 01 jun. 2018.

OCDE. **Global Forum members & observers.** Disponível em: <http://www.oecd.org/tax/transparency/about-the-global-forum/members/>. Acesso em: 01 jun. 2018.

OCDE. **Signatories of the Multilateral Competent Authority Agreement on Automatic Exchange of Financial Account Information and intended first information exchange date.** Status as of 7 August 2018. Disponível em: <http://www.oecd.org/tax/exchange-of-tax-information/MCAA-Signatories.pdf>. Aceso em: 29 ago. 2018.

OECD. **Standard for Automatic Exchange of Financial Information in Tax Matters: Implementation Handbook**. Disponível em: <http://www.oecd.org/tax/exchange-of-tax-information/implementation-handbook--standard-for-automatic-exchange-of-financial-information-in-tax-matters.pdf>. Acesso em: 21 jun. 2018.

ONU. **United Nations Conference on the Law of Treaties**. New York, 1971. Disponível em: <https://treaties.un.org/doc/source/docs/A_CONF.39_11_Add.2-E.pdf>. Acesso em: 18 mar. 2018.

ONU. **Resolutions adopted on the reports of the sixth committee**. 1970. Disponível em: <http://www.un.org/en/ga/search/view_doc.asp?symbol=A/RES/2625(XXV)>. Acesso em: 14 fev. 2019.

ONU. Yearbook of the International Law Comission, v. II, 1966, New York. **Documents of the second part of the seventeenth session and of the eighteenth session including the reports of the Comission to the General Assembly.** New York: United Nations, 1967. 376 p. Disponível em: <http://legal.un.org/docs/?path=../ilc/publications/yearbooks/english/ilc_1966_v2.pdf&lang=EFS>. Acesso em: 13 fev. 2019.

Parliament: don't touch banking secrecy for Swiss clients. **Swissinfo.ch**. [s.i.], p. 1-2. 12 dez. 2017. Disponível em: <https://www.swissinfo.ch/eng/politics/-private-sphere-_parliament--don-t-touch-banking-secrecy-for--swiss-clients/43748818>. Acesso em: 05 ago. 2018.

Pasquale, Giuseppe. Le deroghe al segreto bancario alla luce delle modifiche apportate con la Finanziaria 2005. **Rivista Online della Scuola Superiore Dell'economia e Delle Finanze**, [s. L.], n. 6/7, p.1-16, Giugno-Luglio 2005. Disponível em: <http://www.rivista.ssef.it/www.rivista.ssef.it/site738e.html?page=20050705104911889&edition=2005-06-01>. Acesso em: 26 mai. 2018.

Pauchard, Olivier. O dia em que a Suíça se tornou neutra. **Swissinfo.ch**. 20 mar. 2015. Disponível em: <https://www.swissinfo.ch/por/politica/congresso-de-viena_o-dia-em-que-a-suíça-se-tornou-neutra/41320550>. Acesso em: 23 jun. 2018.

Pietro, Maria Sylvia Zanella di. O princípio da supremacia do interesse público: sobrevivência diante dos ideais do neoliberalismo. **Revista Trimestral de Direito Público**, São Paulo, n. 48/2004, p. 63-76.

Receita Federal. **Acordos para evitar a dupla tributação e prevenir a evasão fiscal**. Atualizado em 29 jan. 2018. Disponível em: <http://idg.receita.fazenda.gov.br/acesso-rapido/legislacao/acordos-internacionais/acordos-

-para-evitar-a-dupla-tributacao/acordos-para-evitar-a-dupla-tributacao>. Acesso em: 18 mar. 2018.

REZEK, José Francisco. **Direito internacional público: curso elementar.** 7. ed., rev. São Paulo: Saraiva, 1998. 410 p.

RUSSIA G20. **Tax Annex to the Saint Petersburg G20 Leaders' Declaration.** St.Petersburg, 05 set. 2013. Disponível em: <http://en.g20russia.ru/documents/#p3>. Acesso em: 01 jun. 2018.

SARMENTO, Daniel. Supremacia do interesse público? As colisões entre direitos fundamentais e interesses da coletividade. In: ARAGÃO, Alexandre Santos de; MARQUES NETO, Floriano de Azevedo (Coords.). **Direito administrativo e seus novos paradigmas.** Belo Horizonte: Fórum, 2008. p. 97-143.

SAVIC, Matej. International Legal Order and the Problems of State Sovereignty in the 21st Century. In: INTERNATIONAL CONFERENCE ON EUROPEAN STUDIES, 6., 2017, Tirana. **Proceedings book.** Tirana: Epoka University Press, 2017. p. 179 – 199. Disponível em: <https://drive.google.com/file/d/11JV1apJANmcwh4d2Zt-LAw-OShaF_3O5/view>. Acesso em: 13 fev. 2019.

SENADO FEDERAL. **Atividade legislativa**. Projeto de Decreto Legislativo (SF) nº 179, de 2017. Disponível em: <https://www25.senado.leg.br/web/atividade/materias/-/materia/130977>. Acesso em: 12 ago. 2018.

SOUZA, Luiz Eduardo Simões de; MACHADO, Beatriz Lima. A Casa di San Giorgio: notas sobre as instituições e finanças da fase genovesa do ciclo sistêmico mercantil, a partir do Statuto de 1568. **Anais do XII Congresso Brasileiro de História Econômica e 13ª Conferência Internacional de História de Empresas.** Niterói: UFF/ABPHE, 2017. Disponível em: <http://www.abphe.org.br/uploads/ABPHE 2017/1 A Casa di San Giorgio notas sobre as instituições e finanças da fase genovesa do ciclo sistêmico mercantil, a partir do Statuto de 1568.pdf>. Acesso em: 19 jun. 2018.

SUÍÇA. General Secretariat GS-FDFA. Federal Department Of Foreign Affairs FDFA. **On the way to becoming a federal state (1815–1848).** 2017. Disponível em: <https://www.eda.admin.ch/dam/PRS-Web/en/dokumente/weg--bundesstaat_EN.pdf>. Acesso em: 23 jun. 2018.

Swiss bank data exchange deal stumbles in parliament. **Swissinfo.ch.** [s.i.], p. 1-3. 27 set. 2017. Disponível em: <https://www.swissinfo.ch/eng/automatic--exchange-of-information-_swiss-bank-data-exchange-deal-stumbles-in--parliament/43553710>. Acesso em: 05 ago. 2018.

Tax Justice Network. **Financial Secrecy Index 2018**. Disponível em: <https://www.financialsecrecyindex.com/>. Acesso em: 16 jul. 2018.

Tax Justice Network. **Financial Secrecy Index 2018**. Key Financial Secrecy Indicator 1: Banking Secrecy. Disponível em: <https://www.financialsecrecyindex.com/PDF/1-Banking-Secrecy.pdf>. Acesso em: 04 ago. 2018.

Tax Justice Network. **Financial Secrecy Index 2018**. Key Financial Secrecy Indicator 2: Trust and Foundation Register. Disponível em: <https://www.financialsecrecyindex.com/PDF/2-Trusts-Foundations-Register.pdf>. Acesso em: 04 ago. 2018.

Tax Justice Network. **Financial Secrecy Index 2018**. Key Financial Secrecy Indicator 3: Recorded Company Ownership. Disponível em: <https://www.financialsecrecyindex.com/PDF/3-Recorded-Company-Ownership.pdf>. Acesso em: 04 ago. 2018.

Tax Justice Network. **Financial Secrecy Index 2018**. Key Financial Secrecy Indicator 12: Consistent Personal Income Tax. Disponível em: <https://www.financialsecrecyindex.com/PDF/12-Consistent-Personal-Income-Tax.pdf>. Acesso em: 04 ago. 2018.

Tax Justice Network. **Financial Secrecy Index 2018**. Key Financial Secrecy Indicator 14: Tax Court Secrecy. Disponível em: <https://www.financialsecrecyindex.com/PDF/14-Tax-Court-Secrecy.pdf>. Acesso em: 04 ago. 2018.

Tax Justice Network. **Financial Secrecy Index 2018**. Key Financial Secrecy Indicator 18: Automatic Information Exchange. Disponível em: <https://www.financialsecrecyindex.com/PDF/18-Automatic-Info-Exchange.pdf>. Acesso em: 04 ago. 2018.

Tax Justice Network. **Financial Secrecy Index 2018**. Key Financial Secrecy Indicator 20 International Legal Cooperation. Disponível em: <https://www.financialsecrecyindex.com/PDF/20-Intl-Legal-Cooperation.pdf>. Acesso em: 04 ago. 2018.

Tax Justice Network. **Financial Secrecy Index 2018**. Narrative Report on Switzerland. Disponível em: <https://www.financialsecrecyindex.com/PDF/Switzerland.pdf>. Acesso em: 04 ago. 2018.

Tax Justice Network. **Financial Secrecy Index 2018**. Narrative Report on USA. Disponível em: <https://www.financialsecrecyindex.com/PDF/USA.pdf>. Acesso em: 04 ago. 2018.

U.S. Department Of The Treasury. **Treasury and IRS Issue Proposed Regulations Under the Foreign Account Tax Compliance Act to Improve Offshore Tax Compliance and Reduce Burden**. Disponível em: <https://

REFERÊNCIAS BIBLIOGRÁFICAS

www.treasury.gov/press-center/press-releases/Pages/tg1412.aspx>. Acesso em: 09 jun. 2018.

U.S. DEPARTMENT OF THE TREASURY. **Foreign Account Tax Compliance Act (FATCA)**. Disponível em: <https://www.treasury.gov/resource-center/tax-policy/treaties/Pages/FATCA.aspx>. Acesso em 09 jun. 2018.

VOTERS to have final say on domestic banking secrecy. **Swissinfo.ch.** [s.i.], p. 1-2. 25 set. 2014. Disponível em: <https://www.swissinfo.ch/eng/people-s-initiative_voters-to-have-final-say-on-domestic-banking-secrecy/40800434>. Acesso em: 05 ago. 2018.

XAVIER, Alberto. **Direito Tributário Internacional do Brasil.** 7. ed. Rio de Janeiro: Forense, 2010. 728 p.

ZUMBANSEN, Peer. Transnational Law. **CLPE Research Paper**, Toronto, v. 4, n. 2, p.738-754, 12 mar. 2008. Disponível em: <https://papers.ssrn.com/sol3/papers.cfm?abstract_id=1105576>. Acesso em: 07 fev. 2019.

REFERÊNCIAS COMPLEMENTARES

ABRAHAM, Marcus. O Sigilo Fiscal e os Acordos Internacionais para o Combate à Evasão, à Elisão e à Sonegação Fiscal. In: TÔRRES, Heleno Taveira (Coord.). **Direito Tributário Internacional Aplicado**. São Paulo: Quartier Latin, 2008. v. V, cap. III, p. 761-777.

ACCIOLY, Hildebrando. A Ratificação e a Promulgação dos Tratados em face da Constituição Federal Brasileira. **Boletim da Sociedade Brasileira de Direito Internacional**, Rio de Janeiro, v. 7, 1948.

ALEXY, Robert. **Teoria dos Direitos Fundamentais**. São Paulo: Malheiros, 2008. 669 p. Tradução de Virgílio Afonso da Silva.

AMARO, Luciano. **Direito Tributário Brasileiro**. 19ª ed. São Paulo: Saraiva, 2013. 541p.

BONAVIDES, Paulo. **Curso de Direito Constitucional**. 24ª ed. atual. e ampl. São Paulo: Malheiros, 2009. 827p.

CANOTILHO, J. J. Gomes; MENDES, Gilmar F.; SARLET, Ingo W.; STRECK, Lenio L. (Coords.). **Comentários à Constituição do Brasil**. 1ª ed., 5ª tiragem. São Paulo: Saraiva, 2014. 2380p.

CARRAZZA, Roque Antonio. **Curso de Direito Constitucional Tributário**. 29ª ed. São Paulo: Malheiros, 2013. 1248 p.

COVELLO, Sérgio Carlos. **O sigilo bancário:** (com particular enfoque em sua tutela civil) 2. ed. rev. e atual. São Paulo: Livraria e Editora Universitária de Direito, 2001.

JOBIM, Eduardo. A Troca de Informações no Direito Tributário Internacional. In: TÔRRES, Heleno Taveira (Coord.). **Direito Tributário Internacional Aplicado**. São Paulo: Quartier Latin, 2007. v. IV, cap. III, p. 475-508.

LAKATOS, Eva Maria. **Metodologia científica**. 3ª ed. São Paulo: Atlas, 2000.

MACHADO, Hugo de Brito. **Curso de Direito Tributário**. 34ª ed. rev., atual. e ampl. São Paulo: Malheiros, 2013. 562p.

MARCHI, Eduardo C. Silveira. **Guia de Metodologia Jurídica**. 2ª ed. São Paulo: Saraiva, 2009.

MENDES, Gilmar Ferreira. **Curso de Direito Constitucional**. 9ª ed. rev. e atual. São Paulo: Saraiva, 2014. 1446p.

NOVOA, César García. Transparencia fiscal internacional y subcapitalización. In: TÔRRES, Heleno Taveira (Coord.). **Direito Tributário Internacional Aplicado**. São Paulo: Quartier Latin, 2008. v. V, cap. III, p. 631-666.

OLIVEIRA, Phelippe Toledo Pires de. A Troca de Informações em Matéria Tributária: Práticas e Perspectivas Brasileiras sobre o Assunto. **Revista da Pgfn / Procuradoria-geral da Fazenda Nacional,** Brasília, v. 2, n. 1, p.139-160, jul. 2012. Semestral.

TAVOLARO, Agostinho Toffoli. O Tratado de Troca de Informações Fiscais Brasil / EUA – TIEA. In: TÔRRES, Heleno Taveira (Coord.). **Direito Tributário Internacional Aplicado**. São Paulo: Quartier Latin, 2012. v. VI, p. 443-478.

Idem. Territorialidade e Tributação. In: SCHOUERI, Luís Eduardo (Org.). **Direito Tributário:** Homenagem a Paulo de Barros Carvalho. São Paulo: Quartier Latin, 2008. cap. VIII, p. 793-814.

VALADÃO, Marcos Aurélio Pereira. Transparência Fiscal Internacional: Situação Atual e a Posição do Brasil. In: TÔRRES, Heleno Taveira (Coord.). **Direito Tributário Internacional Aplicado**. São Paulo: Quartier Latin, 2012. v. VI, p. 199-249.

XAVIER, Alberto. **Direito Tributário Internacional**. 2ª ed. actualizada. Coimbra: Almedina, 2007. 864p.

REFERÊNCIAS LEGISLATIVAS

BRASIL. Decreto nº 78.107, de 22 de julho de 1976. Promulga a Convenção para Evitar a Dupla Tributação em Matéria de Impostos sobre a Renda e o Capital Brasil-Áustria. **Presidência da República**, Brasília, DF, 30 jul. 1976. Disponível em: <http://idg.receita.fazenda.gov.br/acesso-rapido/legislacao/acordos-internacionais/acordos-para-evitar-a-dupla-tributacao/austria/decreto-no-78-107-de-22-de-julho-de-1976>. Acesso em: 11 ago. 2018.

BRASIL. Decreto nº 8.140, de 14 de novembro de 2013. Promulga o Acordo entre o Governo da República Federativa do Brasil e o Governo da República da Turquia para Evitar a Dupla Tributação e Prevenir a Evasão Fiscal em Matéria de Impostos sobre a Renda, firmado em Foz do Iguaçu, em 16 de dezembro de 2010. **Presidência da República**, Brasília, DF, 12 nov. 2013. Disponível em: <http://idg.receita.fazenda.gov.br/acesso-rapido/legislacao/acordos-internacionais/acordos-para-evitar-a-dupla-tributacao/turquia/decreto-no-8-140-de-14-de-novembro-de-2013>. Acesso em: 11 ago. 2018.

BRASIL. Decreto nº 678, de 06 de novembro de 1992. Promulga a Convenção Americana sobre Direitos Humanos (Pacto de São José da Costa Rica), de 22 de novembro de 1969. **Presidência da República**, Brasília, DF, 09 nov. 1992. Disponível em: <http://www.planalto.gov.br/ccivil_03/decreto/D0678.htm>. Acesso em: 08 mai. 2018.

BRASIL. Decreto nº 9.399, de 04 de junho de 2018. Promulga o Acordo entre o Governo da República Federativa do Brasil e o Governo dos Emirados Árabes Unidos sobre Mútua Isenção de Vistos para Portadores de Passaporte Comum, firmado em Brasília, em 16 de março de 2017. **Presidência da**

República, Brasília, DF, 05 jun. 2018. Disponível em: <http://www.planalto.gov.br/ccivil_03/_ato2015-2018/2018/decreto/D9399.htm>. Acesso em: 03 jul. 2018.

BRASIL. Instrução Normativa RFB nº 1571, de 02 de julho de 2015. Dispõe sobre a obrigatoriedade de prestação de informações relativas às operações financeiras de interesse da Secretaria da Receita Federal do Brasil (RFB). **Receita Federal.** Brasília, DF, 03 jul. 2015. Disponível em: <http://normas.receita.fazenda.gov.br/sijut2consulta/link.action?idAto=65746&visao=anotado>. Acesso em: 12 ago. 2018.

BRASIL. Lei nº 13.254, de 13 de janeiro de 2016. Dispõe sobre o Regime Especial de Regularização Cambial e Tributária (RERCT) de recursos, bens ou direitos de origem lícita, não declarados ou declarados incorretamente, remetidos, mantidos no exterior ou repatriados por residentes ou domiciliados no País. **Presidência da República**. Brasília, DF, 14 jan. 2016. Disponível em: <http://www.planalto.gov.br/ccivil_03/_Ato2015-2018/2016/Lei/L13254.htm>. Acesso em: 20 ago. 2018.

ESTADOS UNIDOS. Hiring Incentives to Restore Employment Act, de 24 fev. 2010. **U.S. Government Publishing Office**. Washington, 2010. Disponível em: <https://www.gpo.gov/fdsys/pkg/BILLS-111hr2847eas2/pdf/BILLS-111hr2847eas2.pdf>. Acesso em: 18 mai. 2018.

ESTADOS UNIDOS. U.S. Code. **Legal Information Institute**. Disponível em: <https://www.law.cornell.edu/uscode/text/26/1471>. Acesso em: 18 mai. 2018.

ESTADOS UNIDOS. Code of Federal Regulations. **Legal Information Institute**. Disponível em: <https://www.law.cornell.edu/cfr/text/26/1.1-1>. Acesso em: 07 jun. 2018.

FATF. **International Standards on Combating Money Laundering and the Financing of Terrorism & Proliferation: The FATF Recommendations**. 2018. Disponível em: <http://www.fatf-gafi.org/media/fatf/documents/recommendations/pdfs/FATF%20Recommendations%202012.pdf>. Acesso em: 21 jun. 2016.

ITÁLIA. Regio decreto-legge nº 375, de 12 de março de 1936. Legge bancaria. **Gazzetta Ufficiale**. Roma, 16 mar. 1936. Disponível em: <http://augusto.agid.gov.it/gazzette#giorno=16&mese=03&anno=1936>. Acesso em: 26 maio 2018.

ITÁLIA. Decreto del Presidente dela Republica n 600, de 29 de setembro de 1973. Disposizioni comuni in materia di accertamento delle imposte sui redditi. **Gazzetta Ufficiale**. Roma, 16 out. 1973. Disponível em: <http://def.finanze.it/DocTribFrontend/getAttoNormativoDetail.do?ACTION=getSommario&id={178F0CBC-1969-49F3-974E-7C0E87B9A568}>. Acesso em: 26 maio 2018.

ITÁLIA. Decreto Legislativo nº 385, de 01 de setembro de 1993. Testo unico delle leggi in materia bancaria e creditizia. **Gazzetta Ufficiale**. Roma, 30 set. 1993. Disponível em: <http://www.gazzettaufficiale.it/eli/id/1993/09/30/093G0428/sg>. Acesso em: 26 maio 2018.

OECD. **Convention on the Organisation for Economic Co-operation and Development**. 1960. Disponível em: <http://www.oecd.org/general/conventionontheorganisationforeconomicco-operationanddevelopment.htm>. Acesso em 29 nov. 2017.

OECD. **Standard for Automatic Exchange of Financial Account Information in Tax Matters, Second Edition**. 27 mar. 2017. Disponível em: <https://www.oecd-ilibrary.org/docserver/9789264267992-en.pdf?expires=1529452894&id=id&accname=guest&checksum=3CDFC0BD5641B2A1F5CCF064D948BE24>. Acesso em: 19 jun. 2018.

ONU. **Charter of the United Nations and Statute of the International Court of Justice**. Disponível em: <https://treaties.un.org/doc/publication/ctc/uncharter.pdf>. Acesso em: 15 fev. 2019.

PORTUGAL. Decreto-Lei nº 47909, de 07 de setembro de 1967. Cria o Serviço de Centralização de Riscos do Crédito e define o seu objectivo e funcionamento. **Diário do Governo** nº 209/1967, Série I, p. 1607 – 1609, 07 set. 1967.

PORTUGAL. Decreto-Lei nº 298, de 31 de dezembro de 1992. Aprova o Regime Geral das Instituições de Crédito e Sociedades Financeiras. **Diário da República** nº 301/1992, 6º Suplemento, Série I-A, p. 6056-(24) a 6056-(51), 31 dez. 1992.

SUÍÇA. Bundesgesetz über die Banken und Sparkassen (Bankengesetz, BankG). 08 nov. 1934. **Der Bundesrat**. Disponível em: <https://www.admin.ch/opc/de/classified-compilation/19340083/index.html>. Acesso em: 24 jun. 2018.

SUÍÇA. Federal Act on Combating Money Laundering and Terrorist Financing (Anti-Money Laundering Act, AMLA). 10 out. 1997. **Der Bundesrat**. Disponível em: <https://www.admin.ch/opc/en/classified-compilation/19970427/201601010000/955.0.pdf>. Acesso em: 24 jun. 2018.

REFERÊNCIA JURISPRUDENCIAL

BRASIL. STF. ADI nº 939/DF. Relator: Min. Sydney Sanches. Brasília, 15.12.1993. Publ. DJ 05.01.1994. Acompanhamento processual disponível em: <http://portal.stf.jus.br/processos/detalhe.asp?incidente=1571506>. Acesso em 16 jan. 2019.

BRASIL. STF. INQ nº 732. Relator: Min. Moreira Alves. Brasília, 18.04.1996. Publ. DJ 17.05.1996. Acompanhamento processual disponível em: <http://portal.stf.jus.br/processos/detalhe.asp?incidente=1556499>. Acesso em 28 jan. 2019.

BRASIL. STF. RE nº 389808. Relator: Min. Marco Aurélio. Brasília, 15.12.2010. Publ. DJE 10.05.2011. Acompanhamento processual disponível em: <http://www.stf.jus.br/portal/processo/verProcessoAndamento.asp?numero=389808&classe=RE&codigoClasse=0&origem=JUR&recurso=0&tipoJulgamento=M>. Acesso em 13 jul. 2018.

BRASIL. STF. RE nº 886239. Relator: Min. Celso de Mello. Brasília, 01.06.2015. Publ. DJE 08.06.2015. Acompanhamento Processual. Disponível em: <http://www.stf.jus.br/portal/processo/verProcessoAndamento.asp?incidente=4766307>. Acesso em 06 mar. 2016.

v. STF. RE nº 601314. Relator: Min. Edson Fachin. Brasília, 24.02.2016. Publ. DJE 29.02.2016. Acompanhamento processual disponível em: <http://www.stf.jus.br/portal/processo/verProcessoAndamento.asp?incidente=2689108>. Acesso em 15 jul. 2018.

v. STF. RE nº 215301. Relator Min. Roberto Barroso. Brasília. 27.10.2017. Publ. DJE 14.11.2017. Acompanhamento Processual Disponível em: <http://www.stf.jus.br/portal/processo/verProcessoAndamento.

asp?numero=612687&classe=RE-AgR&codigoClasse=0&origem=JUR&recurso=0&tipoJulgamento=M>. Acesso em: 28 jun. 2018.

BRASIL. STF. RMS nº 2574. Relator Min. Antonio Villas Bôas. Brasília, 08.07.1957. Publ. DJ 08.08.1957. Ementa e acórdão disponíveis em: <http://www.stf.jus.br/portal/jurisprudencia/listarJurisprudencia.asp?s1=%28BANCO+E+FICH%C1RIO+ADJ+CADASTRAL%29&base=baseAcordaos&url=http://tinyurl.com/ya6ldp8e>. Acesso em: 28 jan. 2019

BRASIL. STF. RMS nº 9057. Relator Min. Gonçalves de Oliveira. Brasília, 13.09.1961. Publ. DJ 26.10.1961. Ementa e acórdão disponíveis em: <http://www.stf.jus.br/portal/jurisprudencia/listarJurisprudencia.asp?s1=%28SIGILO+ADJ+BANC%C1RIO%29&pagina=19&base=baseAcordaos&url=http://tinyurl.com/yd54jljz>. Acesso em: 28 jan. 2019.

BRASIL. STF. RMS nº 15925. Relator: Min. Gonçalves de Oliveira. Brasília, 20.05.1966. Publ. DJ 24.05.1966. Ementa e acórdão disponíveis em: <http://www.stf.jus.br/portal/jurisprudencia/listarJurisprudencia.asp?s1=%28RMS+ADJ+15925%29&base=baseAcordaos&url=http://tinyurl.com/y8z6u67m>. Acesso em 28 jan. 2019.

BRASIL. STJ. REsp 37566. Relator Min. Demócrito Reinaldo. Brasília, 02.02.1994. Publ. DJ 28.03.1994. Acompanhamento processual disponível em: <ttps://ww2.stj.jus.br/processo/pesquisa/?src=1.1.3&aplicacao=processos.ea&tipoPesquisa=tipoPesquisaGenerica&num_registro=199300218980>. Acesso em: 29 jan. 2019.

BRASIL. STJ. REsp 506232 / PR. Relator: Min. Luiz Fux. Brasília, 02.12.2003. Publ. DJ 16.02.2004. Acompanhamento Processual. Disponível em <https://ww2.stj.jus.br/processo/pesquisa/?tipoPesquisa=tipoPesquisaNumeroRegistro&termo=200300367850&totalRegistrosPorPagina=40&aplicacao=processos.ea>. Acesso em 15 jul. 2018.

BRASIL. STJ. REsp nº 1134665 / SP. Relator: Min. Luiz Fux. Brasília, 25.11.2009. DJe 18.12.2009. Consulta Processual. Disponível em: <https://ww2.stj.jus.br/processo/pesquisa/?tipoPesquisa=tipoPesquisaNumeroRegistro&termo=200900670344>. Acesso em: 15 jul. 2018.

BRASIL. STJ. REsp nº 1349363 / SP. Relator: Min. Mauro Campbell Marques. Brasília, 22.05.2013. DJe 31.05.2013. Consulta Processual. Disponível em: < https://ww2.stj.jus.br/processo/pesquisa/?tipoPesquisa=tipoPesquisaNumeroRegistro&termo=201202189619>. Acesso em: 15 jul. 2018.

BRASIL. STJ. Tema/Repetitivo 275. Órgão Julgador: Primeira Seção. Brasília, 25.11.2009. Publ. DJ 18.12.2009. Repetitivos e IAC. Disponível em <http://

REFERÊNCIA JURISPRUDENCIAL

www.stj.jus.br/repetitivos/temas_repetitivos/pesquisa.jsp>. Acesso em 15 jul. 2018.

BRASIL. STJ. Tema/Repetitivo 590. Órgão Julgador: Primeira Seção. Brasília, 22.05.2013. Publ. DJ 31.05.2013. Repetitivos e IAC. Disponível em <http://www.stj.jus.br/repetitivos/temas_repetitivos/pesquisa.jsp>. Acesso em 15 jul. 2018.

BRASIL. TRF1. MS nº 0007657-38.1994.4.01.0000 (94.01.08698-2/DF). Relator: Juiz Nelson Gomes da Silva. Brasília, 06.12.1994. Publ. DJ 09.02.1995. Acompanhamento processual disponível em: <https://processual.trf1.jus.br/consultaProcessual/processo.php?secao=TRF1&proc=00076573819944010000>. Acórdão disponível em: <https://arquivo.trf1.jus.br/index.php>. Acesso em 25 jan. 2019.

BRASIL. TRF2. AMS nº 0018880-19.1998.4.02.0000 (98.02.18880-8). Relator: Desembargador Federal Sergio Feltrin Correa. Rio de Janeiro, 20.10.2004. Publ. DJ 29.11.2004. Acompanhamento processual disponível em: <http://portal.trf2.jus.br/portal/consulta/resconsproc.asp>. Acórdão disponível em: <http://www.trf2.gov.br/cgi-bin/pdbi?PRO=9802188808&TOPERA=1>. Acesso em 25 jan. 2019.

BRASIL. TRF4, AMS Nº 2000.04.01.034928-5, Relatora Ellen Gracie Northfleet. Porto Alegre, 09.11.2000. Publ. DJ 03/01/2001. Acompanhamento processual disponível em: <https://www2.trf4.jus.br/trf4/controlador.php?acao=consulta_processual_resultado_pesquisa&txtValor=200004010349285&selOrigem=TRF&chkMostrarBaixados=S&todasfases=S&selForma=NU&todaspartes=&hdnRefId=7ae724e8918ec7453ce7d5bb90f62ead&txtPalavraGerada=KrDG&txtChave=>. Ementa do acórdão disponível em: <https://jurisprudencia.trf4.jus.br/pesquisa/citacao.php?doc=TRF400078778>. Acesso em 25 jan. 2019.

ESTADOS UNIDOS. Suprema Corte. COOK v. TAIT, Collector of Internal Revenue. Julgado em 05 mai. 1924. Disponível em: <https://www.law.cornell.edu/supremecourt/text/265/47>. Acesso em 07 jun. 2018.

PORTUGAL. Tribunal da Relação de Évora. Processo 1325/10.2TBVNO-A.E1. Relatora Isabel Peixoto Imaginário. Évora, 08 jun. 2017. Disponível em: <http://www.dgsi.pt/jtre.nsf/134973db04f39bf2802579bf005f080b/985ba546111f45178025813e00524105?OpenDocument>. Acesso em 16 jul. 2018.

Apêndice A – Transcrição das Perguntas Elaboradas na Página Acesso à Informação

1. Em 30.09.2015 ocorreu a primeira troca de informações no âmbito do FATCA. Foram recebidas informações de 25.280 contribuintes, sendo pagamentos de US$ 40 milhões em contas de 22.736 pessoas físicas e de US$ 265 milhões em contas de 2.544 pessoas jurídicas. Essas informações geraram autuações? Qual a quantidade e valores, aproximadamente?
2. Tendo a legislação previsão de troca de informações anualmente (FATCA), houve troca de informações em 2016 e 2017. Ocorreram sempre na mesma data, 30 de setembro (prazo final do art. 3º, §5º do Dec. nº 8.506/2015)? Foi verificada alguma diferença entre esses períodos (volume e qualidade das informações)? Qual o volume de informações fornecidas e recebidas? Essas informações geraram autuações? Qual a quantidade e valores, aproximadamente? Houve diferença de resultado em relação à primeira troca de informações, em 30 de setembro de 2015?
3. Há uma estimativa de valores passíveis de autuação em relação à troca de informações no modelo CRS? Quando será efetuada a primeira troca de informações e com qual país?
4. O início da vigência das trocas de informações alterou o comportamento do contribuinte brasileiro? De que espécie? Acarretou aumento da arrecadação (espontânea)?

ANEXO A

Anexo A – Pesquisa de Campo
– Secretaria da Receita Federal do Brasil

DF ASAIN RFB   Fl. 7

Nota /Asain nº 15, de 3 de julho de 2018.

Interessado: Ouvidoria da Secretaria da Receita Federal do Brasil

Assunto: Resposta a Questionamento Encaminhado por Cidadão.

e-Dossiê nº 10030.000834/0518-65

Versa a presente Nota sobre resposta de questionamento encaminhado por cidadão relativo ao intercâmbio de informações entre o Brasil e os Estados Unidos da América (EUA) amparado pelo *Foreign Account Tax Compliance Act* (FATCA), bem como entre o Brasil e outras jurisdições amparado pelo *Common Reporting Standard* (CRS). Em linhas gerais, a Sra. Andréa Oliveira Silva Luz busca informações sobre a efetividade de tais acordos e questiona *(i)* se o FATCA gerou autuações e qual o valor de tais autuações; *(ii)* qual volume e a qualidade das informações recebidas; *(iii)* se existem diferenças de resultados entre os anos de 2015 a 2017; *(iv)* se durante o período em questão a Secretaria da Receita Federal do Brasil (RFB) percebeu mudanças no comportamento dos contribuintes; e *(v)* se existe alguma estimativa de valores passíveis de autuação com relação aos dados que serão recebidos em função do CRS.

2. Tais solicitações estão amparadas pela Lei nº 12.527, de 18 de novembro de 2011. Todavia, é preciso ressaltar que o art. 22 desta mesma Lei estabelece que:

(...) *"O disposto nesta Lei não exclui as demais hipóteses legais de sigilo e de segredo de justiça, nem as hipóteses de segredo industrial decorrentes da exploração direta de atividade econômica pelo Estado ou por pessoa física ou entidade privada que tenha qualquer vínculo com o poder público."*(...)

3. Dessa forma, em conformidade com o art. 22 da Lei nº 12.527, de 2011, e levando em consideração o art. 3º, inciso 7º do Acordo entre o Governo da República Federativa do Brasil e o Governo dos Estados Unidos da América para Melhoria da Observância Tributária Internacional e Implementação do FATCA, promulgado pelo Decreto nº 8.506, de 24 de agosto de 2015, bem como o art. VIII do Acordo entre o Governo da República Federativa do Brasil e o Governo dos Estados Unidos da América para o Intercâmbio de Informações Relativas a Tributo, promulgado por meio do Decreto nº 8.003, de 15 de maio de 2013, entende-se que tais informações devam ser tratadas como não passíveis de divulgação.

SIGILO BANCÁRIO

Fl. 2 da Nota RFB/Asain nº 15, de 3 de julho de 2018

4.   Da mesma forma, em conformidade com o art. 22 da Convenção sobre Assistência Mútua Administrativa em Matéria Tributária, promulgada pelo Decreto nº 8.842, de 29 de agosto de 2016, entende-se que as informações que vierem a ser recebidas sob o amparo do CRS também devem ser tratadas como não passíveis de divulgação.

5.   Por fim, vale ressaltar que as informações solicitadas pela Sra. Andréa Oliveira Silva Luz podem prejudicar as relações entre a Administração Tributária do Brasil e as demais Administrações Tributárias com as quais o País mantém relações de intercâmbio de informações, além de comprometerem fiscalizações em curso que estão sendo conduzidas pela RFB.

6.   Diante do acima exposto, recomenda-se que seja negada a solicitação de informações sobre o intercâmbio de informações provenientes do FATCA e do CRS e propõe-se o encaminhamento da negativa para a Ouvidoria da RFB, a fim de dar prosseguimento ao processo.

À consideração superior.

Assinado digitalmente
GENEVIEVE CASTELLO BRANCO
Chefe da Divisão de Intercâmbio de Informações Tributárias e Aduaneiras

Aprovo. Encaminhe-se à Ouvidoria da RFB, conforme proposto.

Assinado digitalmente
RENATO WILSON CHAVES LIMA JUNIOR
Chefe Substituto da Assessoria de Relações Internacionais

ANEXO A

Ministério da Fazenda

PÁGINA DE AUTENTICAÇÃO

O Ministério da Fazenda garante a integridade e a autenticidade deste documento nos termos do Art. 10, § 1º, da Medida Provisória nº 2.200-2, de 24 de agosto de 2001 e da Lei nº 12.682, de 09 de julho de 2012.

Documento produzido eletronicamente com garantia da origem e de seu(s) signatário(s), considerado original para todos efeitos legais. Documento assinado digitalmente conforme MP nº 2.200-2 de 24/08/2001.

Histórico de ações sobre o documento:

Documento juntado por GENEVIEVE CASTELLO BRANCO em 04/07/2018 17:31:00.

Documento autenticado digitalmente por GENEVIEVE CASTELLO BRANCO em 04/07/2018.

Documento assinado digitalmente por: RENATO WILSON CHAVES LIMA JUNIOR em 04/07/2018 e GENEVIEVE CASTELLO BRANCO em 04/07/2018.

Esta cópia / impressão foi realizada por GENE FERNANDES ALARCON em 04/07/2018.

Instrução para localizar e conferir eletronicamente este documento na Internet:

1) Acesse o endereço:
https://cav.receita.fazenda.gov.br/eCAC/publico/login.aspx

2) Entre no menu "Legislação e Processo".

3) Selecione a opção "e-AssinaRFB - Validar e Assinar Documentos Digitais".

4) Digite o código abaixo:

EP04.0718.17588.B115

5) O sistema apresentará a cópia do documento eletrônico armazenado nos servidores da Receita Federal do Brasil.

Código hash do documento, recebido pelo sistema e-Processo, obtido através do algoritmo sha2:
95E67DE1B53A16B82CD704389286953C00B3D37DF4FFBA0E9A9FEC3EEE7D2A97

Anexo B – Pesquisa de Campo – Resposta de Delegada da Receita Federal a Pedido de Informação Realizado na Ouvidoria

Re: Enc: Pedido realizado na Ouvidoria

Ricardo Augusto de Sousa Franco <Ricardo.Franco@receita.fazenda.>

qui 10/05/2018 16:06

Para:Andréa Oliveira Silva Luz <andreaosl@al.insper.edu.br>;

Cc:Adriana Campos dos Santos <Adriana.C.Santos@receita.fazenda.gov.br>; Marcia Cecilia Meng <Marcia.Meng@receita.fazenda.gov.br>;

Prezada Andréa

Encaminho as informações solicitadas.
Reforço que não se trata de manifestação oficial da Receita Federal.

Atenciosamente

Ricardo Augusto de Sousa Franco
Delegado da Derpf/SP
(11) 3147 1550

De: Marcia Cecilia Meng/RF08/SRF
Para: Ricardo Augusto de Sousa Franco/RF08/SRF@SRF
Cc: Adriana Campos dos Santos/RF08/SRF@SRF
Data: 09/05/2018 18:13
Assunto: Re: Enc: Pedido realizado na Ouvidoria

Prezado Ricardo,

A DEMAC é unidade local, por isso não podemos nos manifestar em nome da RFB, mas tenho algum contexto que poderia orientar nos trabalhos dessa aluna.
Vou responder a minha opinião sobre tudo o que souber e, caso ela precise de uma posição realmente oficial, deverá ser orientada a peticionar junto às unidades centrais.

Respostas:

1) O primeiro esclarecimento necessário é que o FATCA não é um acordo no qual o Brasil tenha decidido fazer parte, trata-se de uma Lei americana que visa obter informações de contribuintes americanos que tenham qualquer tipo de renda fora do solo americano. Essa Lei faculta a todos os países do mundo fornecerem informações referentes a rendimentos/receitas de contribuintes americanos ao IRS ou, não concordando e prestar essa informação de forma voluntária, se submeter a uma retenção na fonte (alíquota de 30%) de todo e qualquer valor que seja enviado ao país após

ter transitado em Instituições Financeiras Americanas, o que é um ônus extremamente pesado a um país e o retiraria do interesse de investidores estrangeiros, pois grande parte do sistema financeiro mundial transita pelos EUA.
Portanto o Brasil, país em desenvolvimento e dependente de investimento estrangeiro, teve de aderir ao FATCA.
Vantagens: Continuar atraente ao investidor estrangeiro e, em reciprocidade, receber dos EUA as mesmas informações referentes contribuintes brasileiros que tenham renda nos EUA.
Desvantagens: Necessidade de criação de sistemas que possibilitem a disponibilização das informações ao exterior. Essa incumbência coube à RFB que, para tal fim, desenvolveu a E-Financeira, obrigação acessória criada pela IN RFB nº 1571/2015.

2) A assinatura do Acordo Multilateral está previsto na Ação 15 do BEPS e é o mais importante instrumento para o fortalecimento da cooperação e combate à evasão tributária, à ocultação de ativos e à lavagem de dinheiro, pois tornou viável a implementação de intercâmbio automático de informações financeiras para fins tributários.
Ou seja, as administrações tributárias não terão mais de solicitar informações sobre algum contribuinte, todos os dados serão enviados anualmente e estarão disponíveis para consulta imediata dde todos os Fiscos envolvidos no acordo.
A desvantagem, masi uma vez, passa a ser a criação de sistemas que contenham a informação dispostas de acordo com o CRS.

Atenção: FATCA (Lei americana) e acordo multilateral de troca de informações (Acordo ocorrido no âmbito da OCDE) são coisas distintas e independentes, importante não confundir.

3)Não, a troca de informações só está prevista entre as Autoridades Competentes, que cada país tem discricionariedade para determina quem seja. Em geral, são as autoridades fiscais. No Brasil, o Decreto 8842/2016, elege como autoridade competente o Secretário da Receita Federal.

4) Há clausula de confidencialidade na Convenção Multilateral, caso seja descumprida por qualquer jurisdição haverá a denuncia do tratado.

5) O acordo prevê que a troca ocorra de forma segura, segundo as praticas adotadas por toda instituição Financeira que já atua a nível mundial.

6) Sim, há clausula de confidencialidade.

7) O Acordo pode ser denunciado a qualquer momento, é um acordo de livre vontade dos países signatários.

8) Cada jurisdição enviará informações sobre operações que tenham ocorrido em seu território, caberá ao Fisco de jurisdição do contribuinte tratar os dados e fazer as análises necessárias ao seu uso em casos concretos.

9) O acordo multilateral se presta apenas à troca de informações, não trata de qualquer questão de relativa a bitributação. O Brasil possiu outros

SIGILO BANCÁRIO

Acordos que tratam de quetões para evitar a bitributação, mas são bilaterais.

10) A RFB receberá automaticamente as informações que hoje precisa demandar uma a uma

11) não tenho conhecimento,

12) não tenho conhecimento,

13) não tenho conhecimento,

14) Sim, há multas aplicaveis no descumprimento (IN/RFB 1571/2015) e a RFB fiscaliza essas situações

15) As regras do BACEN já obrigam que a Instituição Financeira conheça o seu cliente (obrigação imposta pela lei de lavagem de dinheiro e outras), a obrigação de identificar a residência tributária do contribuinte faz parte de conhecer o cliente e é necessária para que a informação seja preenchida de forma adequada e enviada à jurisdição competente. Essa questão é mais relevante para fins de coibir os Fluxos Financeiros Ilícitos do que por questões tributárias, e há multa administrativa pela informação incorreta.

16) O layout está determinado na E-Financeira, obrigação acessória entregue pelas Instituições Financeiras

17) Sim, houve maior adesão ao programa de repatriação RERCT.

18) As autuações fiscais ocorrem apenas em contribuintes da jurisdição de um país, não sendo de interesse de outras jurisdições. A informação que é enviada rotineiramente é através de troca espontânea de informações (também precista no acormo multilateral), que ocorre quando uma jurisdição identifica materia tributável em operações praticadas em sua jurisdição por contribuinte de outro país.

19) Não tenho conhecimento

20) Não

Atenciosamente

Márcia Cecilia Meng
Delegada
DEMAC/SPO
Tel: (11) 3121-6003

Anexo C – Pesquisa de Campo – Questionários

Questionário – troca automática de informações para fins fiscais (FATCA/CRS)

Este questionário foi elaborado por Andréa Oliveira Silva Luz e tem por finalidade fornecer informações práticas para monografia de conclusão do curso LL.M em Direito Tributário no Insper.

Nome	Everton Anizio Ferreira
Cargo	Senior Manager
Instituição	

1. Qual sua opinião a respeito do FATCA/CRS?

Resposta: Referem-se à troca automática de informações entre países objetivando o combate à evasão fiscal dos residentes fiscais que possuem investimentos fora do país. Entendo que ambas as medidas são iniciativas importantes no que diz respeito à busca pelos residentes fiscais que omitem informações ao fisco local, com o objetivo de pagar menos impostos.

2. Você acredita que o governo brasileiro tem agido de modo a resguardar de alguma forma o sigilo bancário e fiscal dos brasileiros e estrangeiros residentes?

Resposta: Ambos os acordos visam somente trocar informações dos não residentes, para fins fiscais. Para as pessoas enquadradas nessa situação, entendo que a troca de informações entre países é inevitável, logo, existe uma exposição quanto ao sigilo bancário/fiscal, que é inevitável quando se fala em acordo de cooperação entre países.

3. Você acredita que seja possível proteger o sigilo bancário e fiscal previstos na legislação brasileira em face do FATCA/CRS?

Resposta: Não, principalmente em relação ao FATCA onde existem sanções para empresas estrangeiras ou que possuem operações com o exterior.

4. Existe alguma diferença entre bancos brasileiros e estrangeiros, com relação ao fato de prestar informações, ou ambos estão sujeitos às mesmas regras e penalidades?

Resposta: Ambas estão sujeitas às regras e penalidades impostas pela legislação brasileira.

5. Existe a possibilidade de o Fisco estrangeiro solicitar diretamente informações ao banco localizado no Brasil, seja basileiro ou estrangeiro? Neste caso, como o banco em que você trabalha procede? Qual sua opinião a respeito desta situação, sobretudo quanto ao sigilo bancário?

Resposta: Não existe a possibilidade de o Fisco estrangeiro solicitar informações diretamente ao banco localizado no Brasil.

6. Como a informação é fornecida? Existe um *template* ou arquivo padrão para isso? Você sabe se existe alguma segurança na transmissão dessas informações?

Resposta: As informações são fornecidas através das obrigações acessórias impostas pela Receita Federal e são fornecidas conforme padrões de segurança exigidos na lei. Todas as informações são criptografadas.

7. Você acredita que o Fisco brasileiro analisa todas as informações recebidas antes de transmitir aos outros países?
Resposta: Não tem como saber essa resposta, pensando em base de dados eles possuem todas as informações disponíveis para análise, mas pensando em eficiência não tem como saber.

8. O banco tem clientes *US-person*? Como o banco trabalha com os *US-person* que não autorizam que suas informações sejam fornecidas ao fisco americano? Qual a quantidade, em percentual, esses clientes (resistentes) representam dentre os *US-Person*? Como o banco procede para resguardar sua eventual responsabilidade no caso ddesse cliente? Existe algo semelhante para o CRS?
Resposta: Infelizmente essa informação é sigilosa.

9. Você acredita que existe algum risco de bitributação do contribuinte brasileiro? Acredita que possa acontecer de uma mesma situação já ter sido tributada em um país (por exemplo, Suíça) e o país receptor da informação (por exemplo, Brasil) tributá-la novamente? Tem conhecimento se essa situação já ocorreu com relação aos EUA?
Resposta: Sim, o risco existe mas não tenho conhecimento de clientes que passaram por essa situação.

10. Acredita que existe algum risco para o contribuinte caso algum banco forneça informações incompletas ou incorretas e o fisco não consiga detectar a falha?
Resposta: Sim, o risco existe, principalmente porque as informações são geradas via regras ajustadas em sistemas e, caso ocorra algum entendimento divergente, a informação será gerada de forma não correta. Por isso cada banco deve criar formas e procedimentos de revisão para garantir a viabilidade das informações fornecidas e devem participar de grupos técnicos onde corroborem seus entendimentos com as práticas de mercado.

11. A primeira troca de informações no âmbito do CRS ocorrerá no segundo semestre de 2018. Existe alguma diferença entre as informações prestadas para fins de FATCA e CRS?
Resposta: São legislações distintas mas visando atingir o mesmo resultado.

12. Verificou alguma mudança de comportamento dos clientes do banco com o anúncio dos acordos para troca de informações para fins fiscais?
Resposta: Não tive acesso a essa informação.

13. Existe previsão de penalidade para os bancos que não fornecerem ou atrasarem o fornecimento das informações ao Fisco brasileiro. Tem conhecimento se essa penalidade já foi aplicada? Qual o fundamento?
Resposta: Sim, mas ainda não tenho ciência de nenhuma penalidade aplicada.

14. De acordo com matéria no jornal Valor Econômico de 01.03.2018, cabe aos bancos avaliar casos de pessoas que possuem conta em outro país. Segundo a matéria, "por exemplo, se o banco tem várias evidências documentais, deve verificar a mais recente e mais específica. Deve mostrar que o correntista declarou o Imposto de Renda no país no ano anterior, não só indicar que ele tem residência tributária no país, entre outros". O que você pensa a respeito dessa responsabilidade transferida ao banco?
Resposta: É responsabilidade do Estado de fiscalizar e responsabilidade dos contribuintes informar, a transferência dessas atividades onera os bancos.

15. As regras da GDPR passaram a ser obrigatórias na Europa em maio de 2018. Sabe se essas regras são aplicáveis no âmbito da troca de informações?
Resposta: Não tenho informações a respeito.

16. Existem outros comentários, críticas ou considerações a respeito do tema que gostaria de fazer?
Resposta: Em uma análise macro, sem o olhar de quem trabalha na área de impostos, a busca pela eficiência na arrecadação permite ao Estado a não onerar os bons pagadores, à medida que ela diminui os custos com sonegação fiscal e melhora a eficiência na arrecadação. A globalização, por outro lado, propicia aos investidores dinamizar seu portfólio aplicando parte dos seus recursos (investindo) fora do país de domicílio fiscal, uma vez que ele possui mais informações do país e dos produtos disponíveis para investimento dos seus recursos. Por isso, sem a troca de informações entre países, a fiscalização dos recursos mantidos fora do país do residente fiscal acaba dificultando o controle e transparência dessas informações. A evolução desses acordos de cooperação, como FATCA e CRS, é importante para o Estado no que se refere à fiscalização e transparência fiscal.

Questionário – troca automática de informações para fins fiscais (FATCA/CRS)

Este questionário foi elaborado por Andréa Oliveira Silva Luz e tem por finalidade fornecer informações práticas para monografia de conclusão do curso LL.M em Direito Tributário no Insper.

Nome	Marcelo Fonseca Vicentini
Cargo	Gerente Senior
Instituição	Standard Chartered Bank

1. Qual sua opinião a respeito do FATCA/CRS?

Resposta: O FATCA / CRS são desenvolvimentos relevantes nas relações comerciais bem como na relação fisco/contribuinte. Sem dúvida é um movimento sem volta

2. Você acredita que o governo brasileiro tem agido de modo a resguardar de alguma forma o sigilo bancário e fiscal dos brasileiros e estrangeiros residentes?

Resposta: O governo brasileiro buscou incluir nas obrigações acessórias (especialmente no e-financeira) informações para atender as regras do FATCA/CRS, mas ao mesmo tempo informações úteis à própria receita federal (no interesse da fiscalização). Considerando o nível de segurança definido para envio das informações (A3 – com criptografia) bem como a definição do envio das informações para a autoridade fiscal e posteriormente a própria autoridade fiscal enviando as informações para outros governos, entendo que sim, o governo brasileiro tem agido de modo a resguardar o sigilo bancário/fiscal de brasileiros e estrangeiros residentes

3. Você acredita que seja possível proteger o sigilo bancário e fiscal previstos na legislação brasileira em face do FATCA/CRS?

Resposta: As regras relativas ao sigilo bancário e fiscal (especialmente aquelas definidas na lei complementar 105) são plenamente observadas hoje na medida em que a autoridade fiscal recebe a informação e posteriormente encaminha para outros governos/autoridades fiscais.

4. Existe alguma diferença entre bancos brasileiros e estrangeiros, com relação ao fato de prestar informações, ou ambos estão sujeitos às mesmas regras e penalidades?

Resposta: No meu entendimento as regras e penalidades para fornecimento de informações para o FATCA e CRS atendem regramento duplo, ou seja, as próprias regras FATCA / CRS que são aplicadas da mesma forma para bancos brasileiros e estrangeiros, bem com regras locais, especialmente no que se refere a quebra de sigilo bancário/fiscal (por exemplo lei complementar 105 no Brasil), e neste caso cada banco seguirá o regramento da sua residência.

ANEXO C

5. Existe a possibilidade de o Fisco estrangeiro solicitar diretamente informações ao banco localizado no Brasil, seja basileiro ou estrangeiro? Neste caso, como o banco em que você trabalha procede? Qual sua opinião a respeito desta situação, sobretudo quanto ao sigilo bancário?

Resposta: As regras do FATCA prevêem expressamente a possibilidade de solicitação adicional de informações e tendo em vista que cada banco assina um acordo com o fisco americano (IRS) e se compromete a fornecer essas informações (caso demandado), essas informações serão fornecidas conforme solicitado. A questão do sigilo bancário neste caso deveria ser resolvido com autorização do cliente (conforme previsto na própria LC 105) para envio das informações, visto que a informação estaria sendo enviada para autoridade estrangeira.

6. Como a informação é fornecida? Existe um *template* ou arquivo padrão para isso? Você sabe se existe alguma segurança na transmissão dessas informações?

Resposta: No Brasil as informações são enviadas por meio da obrigação acessaria chamada e-financeira em template padrão e com nível de segurança A3 (com criptografia)

7. Você acredita que o Fisco brasileiro analisa todas as informações recebidas antes de transmitir aos outros países?

Resposta: O Fisco brasileira exige as informações por meio do e-financeira que, além de trazer as informações exigidas para o FATCA e CRS, contem informações utilizadas para fins de fiscalização /ordem interna, desta forma, entendo que as informações relativas a FATCA/CRS são simplesmente repassadas mas há analise relativa as demais informações.

8. O banco tem clientes *US-person*? Como o banco trabalha com os *US-person* que não autorizam que suas informações sejam fornecidas ao fisco americano? Qual a quantidade, em percentual, esses clientes (resistentes) representam dentre os *US-Person*? Como o banco procede para resguardar sua eventual responsabilidade no caso ddesse cliente? Existe algo semelhante para o CRS?

Resposta: O banco tem US-person mas não tem nenhum caso de não autorização de envio de informações ao fisco americano. O Percentual atual de US-person frente ao total de clientes é inferior a 5%, sendo que as informações relativas a esses clientes são enviadas por meio da e-financeira e as informações relevantes dos clientes mantidas em cadastro (atualizado anualmente ou quando necessário). Para o CRS, o procedimento é o mesmo.

9. Você acredita que existe algum risco de bitributação do contribuinte brasileiro? Acredita que possa acontecer de uma mesma situação já ter sido tributada em um país (por exemplo, Suíça) e o país receptor da informação (por exemplo, Brasil) tributá-la novamente? Tem conhecimento se essa situação já ocorreu com relação aos EUA?

Resposta: A potencial bi-tributação deve ser eliminada por meio de tratados para evitar a dupla tributação ou, quando não existente, por meio de legislação interna. Não conheço nenhum caso concreto de bi-tributação, especialmente em relação aos EUA que asseguram credito integral em relação ao tributo pago no exterior pela pessoa física.

10. Acredita que existe algum risco para o contribuinte caso algum banco forneça informações incompletas ou incorretas e o fisco não consiga detectar a falha?

Resposta: Entendo que existe risco para o contribuinte caso o banco forneça informações incompletas ou incorretas na medida em que pode não ser reconhecido eventual tributo já pago ou eventualmente tributação indevida, caso sejam informadas posições financeiras superiores as realmente existentes

---

11. A primeira troca de informações no âmbito do CRS ocorrerá no segundo semestre de 2018. Existe alguma diferença entre as informações prestadas para fins de FATCA e CRS?

Resposta: As regras FATCA e CRS possuem diferenças, por outro lado, como o Brasil optou por exigir as informações em conjunto por meio do E-financeira, o CRS representou apenas alguns campos adicionais nesta obrigação acessória.

---

12. Verificou alguma mudança de comportamento dos clientes do banco com o anúncio dos acordos para troca de informações para fins fiscais?

Resposta: Certamente os clientes estão preocupados com o tipo de informação que será compartilhada, a forma que será compartilhada, etc, desta forma, os clientes com estruturas societárias/tributárias mais complexas estão buscando assessoria externa para avaliação dos riscos a que estão expostos.

---

13. Existe previsão de penalidade para os bancos que não fornecerem ou atrasarem o fornecimento das informações ao Fisco brasileiro. Tem conhecimento se essa penalidade já foi aplicada? Qual o fundamento?

Resposta: Conforme esclarecido as informações são prestadas por meio de obrigação acessória (e-financeira), desta forma, a IN 1571 prevê no artigo 13 as penalidades aplicáveis variando entre R$ 50,00 até 3% do valor das transações comerciais ou das operações financeiras

---

14. De acordo com matéria no jornal Valor Econômico de 01.03.2018, cabe aos bancos avaliar casos de pessoas que possuem conta em outro país. Segundo a matéria, "por exemplo, se o banco tem várias evidências documentais, deve verificar a mais recente e mais específica. Deve mostrar que o correntista declarou o Imposto de Renda no país no ano anterior, não só indicar que ele tem residência tributária no país, entre outros". O que você pensa a respeito dessa responsabilidade transferida ao banco?

Resposta: Há alguns anos responsabilidades regulatórias (no mundo de câmbio, por exemplo) e tributárias (como FATCA e CRS) tem sido atribuídas aos bancos e como as determinações são sempre impostas por lei (ou normativos com força de lei), entendo que os bancos devem cumprir para evitar eventuais responsabilidade (solidária, subsidiária, etc).

---

15. As regras da GDPR passaram a ser obrigatórias na Europa em maio de 2018. Sabe se essas regras são aplicáveis no âmbito da troca de informações?

Resposta: Entendo que os tratados para troca de informações (especialmente no âmbito do BEPS) se sobrepõe a GDPR

---

16. Existem outros comentários, críticas ou considerações a respeito do tema que gostaria de fazer?

Resposta: Entendo que a busca pela transparência é um caminho sem volta e cabe aos países adequarem seus ordenamentos jurídicos para atender essa demanda adequadamente, impondo os devidos limites e proteções, mas entendo não ser possível evitar o compartilhamento de informações.

ANEXO C

Questionário – troca automática de informações para fins fiscais (FATCA/CRS)

Este questionário foi elaborado por Andréa Oliveira Silva Luz e tem por finalidade fornecer informações práticas para monografia de conclusão do curso LL.M em Direito Tributário no Insper.

Nome	Juliano Fernandes Ayres
Cargo	Especialista em Planejamento Tributário
Instituição	▓▓▓▓▓▓▓▓▓▓▓

1. Qual sua opinião a respeito do FATCA/CRS?

Resposta: Entendo que essa é uma evolução natural das legislações tributárias mundiais, considerando a globalização, sem precedentes, das relações comercias no planeta.

2. Você acredita que o governo brasileiro tem agido de modo a resguardar de alguma forma o sigilo bancário e fiscal dos brasileiros e estrangeiros residentes?

Resposta: Quero acreditar que sim, levando em consideração as prerrogativas das contidas na constituição federal do Brasil, mas não há como haver total certeza disso se pensarmos em corrupção no Brasil, ataques de harckes e outros crimes que se tornaram comuns no mundo.

3. Você acredita que seja possível proteger o sigilo bancário e fiscal previstos na legislação brasileira em face do FATCA/CRS?

Resposta: Considerando as regras vigentes eu entendo que sim. Ademais, os modelos de reporte são diretamente para os fiscos – entidades públicas que tem o poder/dever de fiscalizar e combater práticas abusivas que delapida os cofres públicos.

4. Existe alguma diferença entre bancos brasileiros e estrangeiros, com relação ao fato de prestar informações, ou ambos estão sujeitos às mesmas regras e penalidades?

Resposta: Sim, pois cada Nação recepcionou as regras FATCA e CRS conforme a legislação do seu País e, no caso do FATCA, optando por um dos modelos existentes – Modelo 1 ou Modelo 2 - exemplo Modelo 1 (Brasil): as Instituições Financeiras Brasileiras enviam as informações ao Fisco Brasileiro que encaminho as informações de US-person para o IRS (Fisco Americano); Modelo 2 (Suíça):as Instituições Financeiras Suíças encaminham as informações de US-person diretamente ao IRS americano.

5. Existe a possibilidade de o Fisco estrangeiro solicitar diretamente informações ao banco localizado no Brasil, seja basileiro ou estrangeiro? Neste caso, como o banco em que você trabalha procede? Qual sua opinião a respeito desta situação, sobretudo quanto ao sigilo bancário?

Resposta: No Brasil não há essa possibilidade de os Fiscos estrangeiros solicitar diretamente as informações ao Banco Brasileiro, seja em razão do FATCA (Brasil modelo 1 do IGA), seja no modelo CRS, que a troca de informações ocorre entre os Fiscos. Porém, como exemplo na Suíça, no contexto do FATCA, o IRS americano, pode solicitar as informações diretamente para os Bancos Suíços (modelo 2 do IGA).

6. Como a informação é fornecida? Existe um *template* ou arquivo padrão para isso? Você sabe se existe alguma segurança na transmissão dessas informações?
Resposta: No Brasil, as informações são fornecidas por meio da obrigação acessória da Receita Federal do Brasil denominada e-financeira – por meio eletrônico e com as criptografias necessárias para preservar a segurança das informações. Mais detalhes podem ser extraídos do Manual de preenchimento da e-financeira no site da Receita Federal do Brasil – RFB.

7. Você acredita que o Fisco brasileiro analisa todas as informações recebidas antes de transmitir aos outros países?
Resposta: Acredito que ainda não, pois a e-financeira é muito mais ampla que o FATCA e o CRS, mas um dia eles conseguiram fazer uma análise de todas as informações. De qualquer modo, as informações FATCA e CRS, são sim capturas pelo fisco Brasileiro e encaminhado os outros Fiscos dos outros Países signatários destas ações.

8. O banco tem clientes *US-person*? Como o banco trabalha com os *US-person* que não autorizam que suas informações sejam fornecidas ao fisco americano? Qual a quantidade, em percentual, esses clientes (resistentes) representam dentre os *US-Person*? Como o banco procede para resguardar sua eventual responsabilidade no caso ddesse cliente? Existe algo semelhante para o CRS?
Resposta: Sim, temos clientes US-person. Se o Banco identificar um cliente com indícios de ser um US-person e este cliente se recusar a entregar um Wform – depois de várias tentativas, encerramos o relacionamento com esse cliente. O mesmo aplicamos ao CRS.

9. Você acredita que existe algum risco de bitributação do contribuinte brasileiro? Acredita que possa acontecer de uma mesma situação já ter sido tributada em um país (por exemplo, Suíça) e o país receptor da informação (por exemplo, Brasil) tributá-la novamente? Tem conhecimento se essa situação já ocorreu com relação aos EUA?
Resposta: Entendo que não o risco de Bi-tributação.

10. Acredita que existe algum risco para o contribuinte caso algum banco forneça informações incompletas ou incorretas e o fisco não consiga detectar a falha?
Resposta: Entendo que não, pois o contribuinte será chamado a se explicar, oportunidade que este poderá sanar eventuais incorreções.

11. A primeira troca de informações no âmbito do CRS ocorrerá no segundo semestre de 2018. Existe alguma diferença entre as informações prestadas para fins de FATCA e CRS?
Resposta: Regra geral não, porém, o CRS alcança muitos Países e será necessário verificar se este domicílio fiscal em mais de um País e outros pequenos detalhes.

12. Verificou alguma mudança de comportamento dos clientes do banco com o anúncio dos acordos para troca de informações para fins fiscais?
Resposta: Não. Até o momento nenhuma mudança que possamos atribuir ao FATCA e ao CRS.

ANEXO C

13. Existe previsão de penalidade para os bancos que não fornecerem ou atrasarem o fornecimento das informações ao Fisco brasileiro. Tem conhecimento se essa penalidade já foi aplicada? Qual o fundamento?
Resposta: Sim existem. Não tenho conhecimento da aplicação de penalidade ainda, mas há previsão de sanções na Instrução Normativa 1571/15, que criou a e-financeira.

14. De acordo com matéria no jornal Valor Econômico de 01.03.2018, cabe aos bancos avaliar casos de pessoas que possuem conta em outro país. Segundo a matéria, "por exemplo, se o banco tem várias evidências documentais, deve verificar a mais recente e mais específica. Deve mostrar que o correntista declarou o Imposto de Renda no país no ano anterior, não só indicar que ele tem residência tributária no país, entre outros". O que você pensa a respeito dessa responsabilidade transferida ao banco?
Resposta: Essas transferências de responsabilidade está se tornando cada vez mais comum no Brasil, trazendo um encarecimento ainda maior aos serviços bancário. Na minha opinião, o grande ponto não é transferência e si, mas é a falta de segurança jurídica pela ausência de tempo para implementação, normas prospectivas e uma divisão das despesas entre os Bancos e o poder público.

15. As regras da GDPR passaram a ser obrigatórias na Europa em maio de 2018. Sabe se essas regras são aplicáveis no âmbito da troca de informações?
Resposta: Até me aprofundei sobre o tema a General Data Protection Regulation (GDPR) é modernização das regras de sigilo da União Europeia, mas não limitam os acordos FATCA e CRS, que, suma, estabelece troca de informações para agentes públicos – relacionados dos nativos dos Países, ou melhor dizendo, dos residentes e domiciliados fiscais em determinados Países que formaram acordo para tal troca. No caso da FATCA e CRS as soberanias dos Países prevalecem sobre o direito de sigilo do individual – busca-se o bem comum.

16. Existem outros comentários, críticas ou considerações a respeito do tema que gostaria de fazer?
Resposta: Como já dito em outras oportunidades, entendo que essas regras de troca de informações e controles extraterritoriais entre os Fiscos dos Países veio para ficar e só se aprimorará nos próximos anos, sendo necessário as empresas (exemplo: declaração Country by Country) e as Instituições Financeiras (ex.: FATCA e CRS) se adaptarem e aprimorarem seus controles neste novo mundo Globalizado.

Obs.: você escolheu um tema muito atual e impactante para o seu trabalho. Não esqueça de abordar o interesse público frente ao individual na sua análise. Boa sorte.

Anexo D – Resposta a Pedido de Informação à Secretaria de Finanças Internacionais Suíça

Your information request

De: yvonne.helble@sif.admin.ch
Para: OliveiraSilvaLuz, Andrea andrea.oliveirasilvaluz@student.unisg.ch
Data: quarta-feira, 21 de dezembro, 12:21

Dear Ms. Luz,

Thank you very much for your questions. Please find below our answer.

Best regards,

Yvonne Helble

In Switzerland, financial privacy is protected by bank client confidentiality nationally. There are no cantonal provisions on this issue. Banks may not disclose any information on the financial affairs of clients to third parties. Bank client confidentiality can, however, be abused. It can be lifted where there are sufficient grounds for suspecting that a crime has been committed.

Switzerland stated in March 2009 that it was willing to adapt its double taxation agreements to the OECD Model Convention with respect to international administrative assistance. Now, data can be disclosed not only in the event of tax fraud, but also in cases of tax evasion. While the decision of March 2009 itself was not subject to referendum, double taxation agreements and their protocols are subject to an optional referendum. This is also the case for other agreements allowing for international exchange of information on request based on the international standard.

In the wake of the financial and debt crisis, combating tax evasion worldwide has become an important issue. On 15 July 2014, the OECD Council adopted the new global standard for the automatic exchange of information in tax matters internationally (AEOI). About 100 countries committed themselves to introducing this new global standard. Some of these countries have announced the first exchanges for 2017, others, including Switzerland, for 2018, subject to the legislative procedures.

Regarding Brazil, Switzerland and Brazil signed a joint declaration on 18 November 2016 on the introduction of the automatic exchange of information (AEOI) in tax matters on a reciprocal basis. Both countries intend to start collecting data in accordance with the global AEOI standard in 2018 and to exchange it from 2019 onwards. In this context, it is possible that some Swiss banks may have asked their Brazilian customers to prove compliance with the Brazilian tax legislation. We do not have specific information on this issue.

ÍNDICE

1. INTRODUÇÃO	19
2. PRESSUPOSTOS	25
3. DO SIGILO À TRANSPARÊNCIA – EVOLUÇÃO DO TEMA NO DIREITO COMPARADO	55
4. EVOLUÇÃO DO TEMA NA SUÍÇA	107
5. EVOLUÇÃO DO TEMA NO BRASIL	117
6. CONCLUSÃO	155
REFERÊNCIAS BIBLIOGRÁFICAS	159
REFERÊNCIAS COMPLEMENTARES	169
REFERÊNCIAS LEGISLATIVAS	171
REFERÊNCIA JURISPRUDENCIAL	175
APÊNDICE A – TRANSCRIÇÃO DAS PERGUNTAS ELABORADAS NA PÁGINA ACESSO À INFORMAÇÃO	179
ANEXO A – PESQUISA DE CAMPO – SECRETARIA DA RECEITA FEDERAL DO BRASIL	181

ANEXO B – PESQUISA DE CAMPO – RESPOSTA DE DELEGADA
DA RECEITA FEDERAL A PEDIDO DE INFORMAÇÃO
REALIZADO NA OUVIDORIA   184
ANEXO C – PESQUISA DE CAMPO – QUESTIONÁRIOS   187
ANEXO D – RESPOSTA A PEDIDO DE INFORMAÇÃO
À SECRETARIA DE FINANÇAS INTERNACIONAIS
SUÍÇA   196